PROJECT 531

수학을 빠르게

수준별 단기 특강서

수학Ⅱ S

531 *PROJECT* 수학 Ⅱ SPEEDY

발행일	201904 초판 1쇄 202307 초판 7쇄
펴낸이	정선욱
펴낸곳	이투스에듀(주) 서울시 서초구 남부순환로 2547
고객센터	1599-3225
등록번호	제2007-000035호
ISBN	979-11-6442-041-4[53410]

*531 PROJECT*와 함께라면
쉽고 빠르게 성적을 올릴 수 있습니다!

*531 PROJECT*는 쉽게 익히고, 빠르게 다지고, 확실히
성적을 올릴 수 있는 영역별 **단기 특강 교재입니다.**

쉽게 E

531 PROJECT 중 가장 쉽게 개념과 원리를 익힐 수 있는 교재입니다.

하나 단원별 꼭 알아야 하는 핵심 개념과 이론을 충실하게 기술한 교재입니다.

둘 핵심 개념별로 출제 빈도수가 높은 대표 유형 중 학교 내신 문제 또는 수능 2, 3점으로 출제 가능한 문제를 집중 학습할 수 있는 교재입니다.

셋 문제 풀이를 통하여 학습한 내용을 완벽하게 습득할 수 있도록 친절하고 상세한 해설과 첨삭을 덧붙인 교재입니다.

빠르게 S

531 PROJECT 중 가장 빠르게 빈출 유형을 다질 수 있는 교재입니다.

하나 단원별 꼭 알아야 하는 핵심 개념은 물론 빈출 유형을 집중적으로 학습할 수 있는 교재입니다.

둘 단원별로 주로 다루어지는 빈출 유형 중 학교 내신 문제 또는 수능 3, 4점으로 출제 가능한 문제를 집중 학습할 수 있는 교재입니다.

셋 문제 풀이를 통하여 유형별 해결 능력을 확실하게 다질 수 있도록 친절하고 상세한 해설과 첨삭을 덧붙인 교재입니다.

우월하게 H

531 PROJECT 중 가장 심도 있는 학습으로 최고 실력을 가늠할 수 있는 교재입니다.

하나 단원별 꼭 알아야 하는 핵심 개념은 물론 심화 유형을 집중적으로 학습할 수 있는 교재입니다.

둘 두 가지 이상의 개념을 사용해야 해결할 수 있는 심화 유형 중 내신 또는 수능 고난도 문항으로 출제 가능한 문제를 집중 학습할 수 있는 교재입니다.

셋 문제 풀이를 통하여 상위권 유형 및 킬러 문제에 대비할 수 있도록 친절하고 상세한 해설을 담은 교재입니다.

Structure

01

교과서 알짜개념 짚어보기

교과서 알짜개념을 중단원 별로 모아서 제공하였습니다.

02

내신 & 수능 빈출 유형

- 내신과 수능에 출제될 수 있는 빈출 문제를 유형별로 구분하여 제공하였습니다.
- 빈출 유형에 대한 쌍둥이 문제 또는 유사 문제를 제공하여 해당 유형을 반복 학습할 수 있도록 하였습니다.
- 중요한 유형에 대해서는 '중요'라고 표시하여 해당 유형의 학습에 좀 더 집중할 수 있도록 하였습니다.

개념 Plus

개념에 대한 추가적인 설명을 담아 좀 더 쉽게 개념을 이해할 수 있도록 하였습니다.

해결 포인트

문제 풀이에 필요한 실마리, 힌트, 핵심 개념을 제공하였습니다.

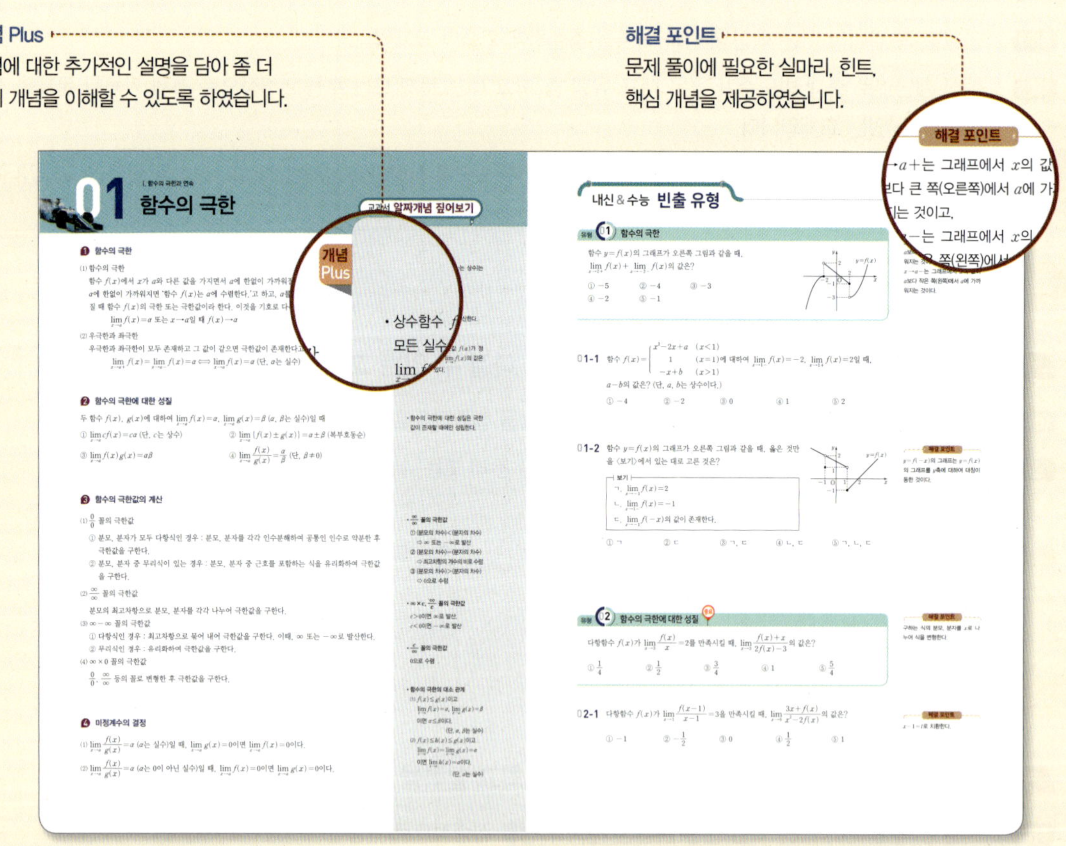

03

빈출 유형 마무리

- 앞에서 학습한 빈출 유형의 유사 문제들을 제공하여 해당 유형에 대한 반복 학습을 통하여 수학적인 사고력을 확장할 수 있도록 하였습니다.
- 교육청 기출 문제를 제공하여 최근의 출제 경향을 파악할 수 있습니다.
- 꼭 풀어봐야 하는 문제에 '중요'라고 표시하여 해당 문항의 풀이에 좀 더 집중할 수 있도록 하였습니다.

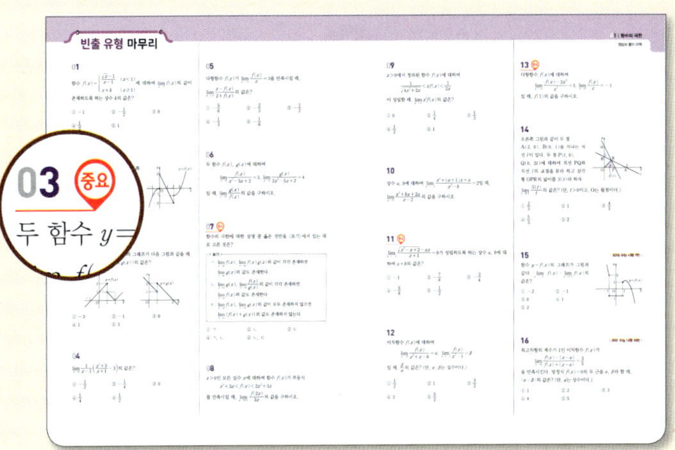

04

정답과 풀이

- 모든 문항을 상세하게 풀이하여 오답의 이유를 스스로 찾을 수 있도록 하였습니다.
- [다른 풀이] 및 [보충 설명]을 제시하여 다양한 사고를 할 수 있도록 하였습니다.

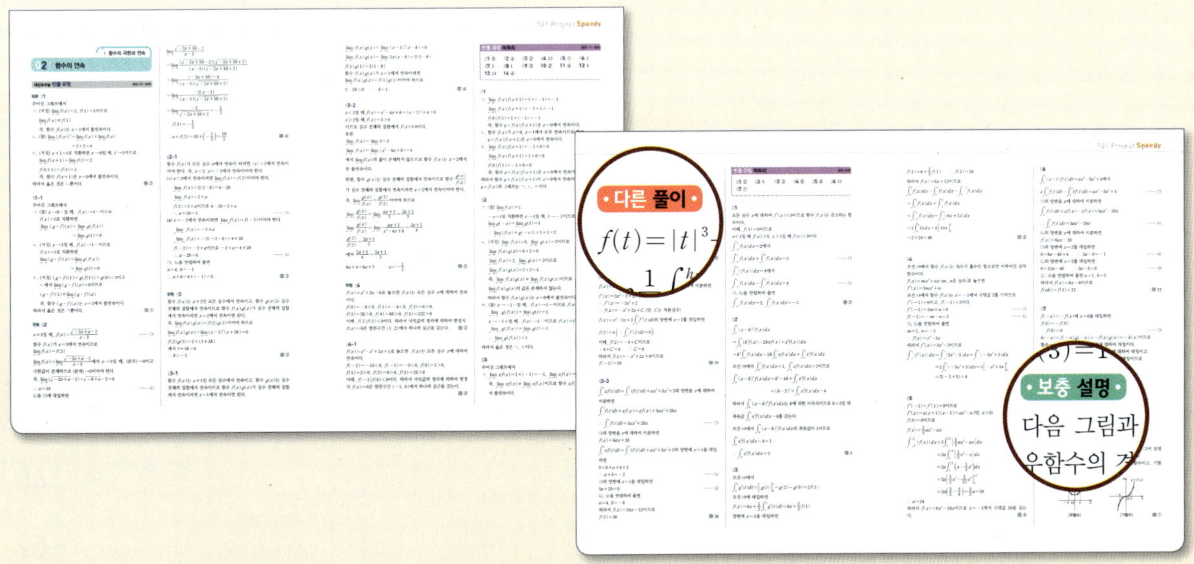

Contents

Ⅰ 함수의 극한과 연속

01 함수의 극한 ···································· 08
02 함수의 연속 ···································· 14

Ⅱ 미분

01 미분계수와 도함수 ···································· 20
02 도함수의 활용 (1) ···································· 26
03 도함수의 활용 (2) ···································· 32
04 도함수의 활용 (3) ···································· 38

Ⅲ 적분

01 부정적분 ···································· 44
02 정적분 ···································· 48
03 정적분의 활용 ···································· 52

I

함수의 극한과 연속

01_ 함수의 극한

02_ 함수의 연속

01 함수의 극한

❶ 함수의 극한

(1) 함수의 극한

함수 $f(x)$에서 x가 a와 다른 값을 가지면서 a에 한없이 가까워질 때, $f(x)$의 값이 일정한 값 α에 한없이 가까워지면 '함수 $f(x)$는 α에 수렴한다.'고 하고, α를 x의 값이 a에 한없이 가까워질 때 함수 $f(x)$의 극한 또는 극한값이라 한다. 이것을 기호로 다음과 같이 나타낸다.

$$\lim_{x \to a} f(x) = \alpha \text{ 또는 } x \to a \text{일 때 } f(x) \to \alpha$$

(2) 우극한과 좌극한

우극한과 좌극한이 모두 존재하고 그 값이 같으면 극한값이 존재한다고 한다. 즉,

$$\lim_{x \to a+} f(x) = \lim_{x \to a-} f(x) = \alpha \iff \lim_{x \to a} f(x) = \alpha \text{ (단, } \alpha\text{는 실수)}$$

❷ 함수의 극한에 대한 성질

두 함수 $f(x)$, $g(x)$에 대하여 $\lim_{x \to a} f(x) = \alpha$, $\lim_{x \to a} g(x) = \beta$ (α, β는 실수)일 때

① $\lim_{x \to a} cf(x) = c\alpha$ (단, c는 상수)

② $\lim_{x \to a} \{f(x) \pm g(x)\} = \alpha \pm \beta$ (복부호동순)

③ $\lim_{x \to a} f(x)g(x) = \alpha\beta$

④ $\lim_{x \to a} \dfrac{f(x)}{g(x)} = \dfrac{\alpha}{\beta}$ (단, $\beta \neq 0$)

❸ 함수의 극한값의 계산

(1) $\dfrac{0}{0}$ 꼴의 극한값

① 분모, 분자가 모두 다항식인 경우 : 분모, 분자를 각각 인수분해하여 공통인 인수로 약분한 후 극한값을 구한다.

② 분모, 분자 중 무리식이 있는 경우 : 분모, 분자 중 근호를 포함하는 식을 유리화하여 극한값을 구한다.

(2) $\dfrac{\infty}{\infty}$ 꼴의 극한값

분모의 최고차항으로 분모, 분자를 각각 나누어 극한값을 구한다.

(3) $\infty - \infty$ 꼴의 극한값

① 다항식인 경우 : 최고차항으로 묶어 내어 극한값을 구한다. 이때, ∞ 또는 $-\infty$로 발산한다.

② 무리식인 경우 : 유리화하여 극한값을 구한다.

(4) $\infty \times 0$ 꼴의 극한값

$\dfrac{0}{0}$, $\dfrac{\infty}{\infty}$ 등의 꼴로 변형한 후 극한값을 구한다.

❹ 미정계수의 결정

(1) $\lim_{x \to a} \dfrac{f(x)}{g(x)} = \alpha$ (α는 실수)일 때, $\lim_{x \to a} g(x) = 0$이면 $\lim_{x \to a} f(x) = 0$이다.

(2) $\lim_{x \to a} \dfrac{f(x)}{g(x)} = \alpha$ (α는 0이 아닌 실수)일 때, $\lim_{x \to a} f(x) = 0$이면 $\lim_{x \to a} g(x) = 0$이다.

개념 Plus

- 상수함수 $f(x) = c$ (c는 상수)는 모든 실수 a에 대하여 $\lim_{x \to a} f(x) = c$이다.

- $f(x)$가 다항함수일 때, $\lim_{x \to a} f(x) = f(a)$로 계산한다.

- $x = a$에서의 함숫값 $f(a)$가 정의되지 않아도 $\lim_{x \to a} f(x)$의 값은 존재할 수 있다.

- 함수의 극한에 대한 성질은 극한값이 존재할 때에만 성립한다.

- $\dfrac{\infty}{\infty}$ 꼴의 극한값
 ① (분모의 차수) < (분자의 차수)
 $\Rightarrow \infty$ 또는 $-\infty$로 발산
 ② (분모의 차수) = (분자의 차수)
 $\Rightarrow$ 최고차항의 계수의 비로 수렴
 ③ (분모의 차수) > (분자의 차수)
 $\Rightarrow$ 0으로 수렴

- $\infty \times c$, $\dfrac{\infty}{c}$ 꼴의 극한값
 $c > 0$이면 ∞로 발산,
 $c < 0$이면 $-\infty$로 발산

- $\dfrac{c}{\infty}$ 꼴의 극한값
 0으로 수렴

- 함수의 극한의 대소 관계
 (1) $f(x) \leq g(x)$이고
 $\lim_{x \to a} f(x) = \alpha$, $\lim_{x \to a} g(x) = \beta$
 이면 $\alpha \leq \beta$이다.
 (단, α, β는 실수)
 (2) $f(x) \leq h(x) \leq g(x)$이고
 $\lim_{x \to a} f(x) = \lim_{x \to a} g(x) = \alpha$
 이면 $\lim_{x \to a} h(x) = \alpha$이다.
 (단, α는 실수)

유형 01 함수의 극한

함수 $y=f(x)$의 그래프가 오른쪽 그림과 같을 때, $\lim\limits_{x\to 2+} f(x) + \lim\limits_{x\to -2-} f(x)$의 값은?

① -5 ② -4 ③ -3
④ -2 ⑤ -1

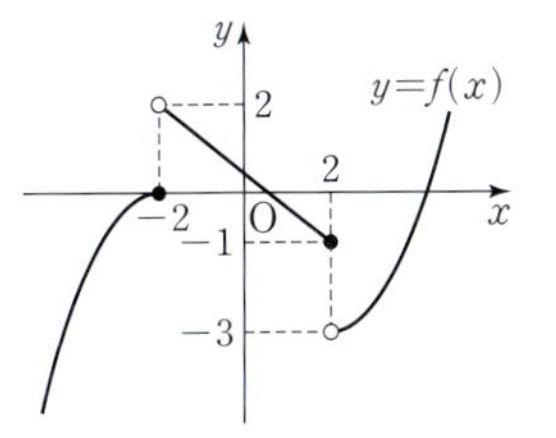

해결 포인트

$x\to a+$는 그래프에서 x의 값이 a보다 큰 쪽(오른쪽)에서 a에 가까워지는 것이고,
$x\to a-$는 그래프에서 x의 값이 a보다 작은 쪽(왼쪽)에서 a에 가까워지는 것이다.

01-1 함수 $f(x)=\begin{cases} x^2-2x+a & (x<1) \\ 1 & (x=1) \\ -x+b & (x>1) \end{cases}$에 대하여 $\lim\limits_{x\to 1-} f(x)=-2$, $\lim\limits_{x\to 1+} f(x)=2$일 때, $a-b$의 값은? (단, a, b는 상수이다.)

① -4 ② -2 ③ 0 ④ 1 ⑤ 2

01-2 함수 $y=f(x)$의 그래프가 오른쪽 그림과 같을 때, 옳은 것만을 〈보기〉에서 있는 대로 고른 것은?

┤ 보기 ├
ㄱ. $\lim\limits_{x\to -1} f(x)=2$
ㄴ. $\lim\limits_{x\to 1-} f(x)=-1$
ㄷ. $\lim\limits_{x\to -1} f(-x)$의 값이 존재한다.

① ㄱ ② ㄷ ③ ㄱ, ㄷ ④ ㄴ, ㄷ ⑤ ㄱ, ㄴ, ㄷ

해결 포인트

$y=f(-x)$의 그래프는 $y=f(x)$의 그래프를 y축에 대하여 대칭이동한 것이다.

유형 02 함수의 극한에 대한 성질 _{중요}

다항함수 $f(x)$가 $\lim\limits_{x\to 3} \dfrac{f(x)}{x}=2$를 만족시킬 때, $\lim\limits_{x\to 3} \dfrac{f(x)+x}{2f(x)-3}$의 값은?

① $\dfrac{1}{4}$ ② $\dfrac{1}{2}$ ③ $\dfrac{3}{4}$ ④ 1 ⑤ $\dfrac{5}{4}$

해결 포인트

구하는 식의 분모, 분자를 x로 나누어 식을 변형한다.

02-1 다항함수 $f(x)$가 $\lim\limits_{x\to 1} \dfrac{f(x-1)}{x-1}=3$을 만족시킬 때, $\lim\limits_{x\to 0} \dfrac{3x+f(x)}{x^2-2f(x)}$의 값은?

① -1 ② $-\dfrac{1}{2}$ ③ 0 ④ $\dfrac{1}{2}$ ⑤ 1

해결 포인트

$x-1=t$로 치환한다.

유형 03 함수의 극한의 대소 관계

양의 실수 전체의 집합에서 정의된 함수 $f(x)$가 모든 양수 x에 대하여
$$3x+1 < f(x) < 3x+5$$
를 만족시킬 때, $\displaystyle\lim_{x\to\infty}\frac{\{f(x)\}^2}{x^2+1}$의 값은?

① 1   ② 3   ③ 5   ④ 7   ⑤ 9

해결 포인트

$f(x) < h(x) < g(x)$이고
$\displaystyle\lim_{x\to a}f(x)=\lim_{x\to a}g(x)=\alpha$이면
$\displaystyle\lim_{x\to a}h(x)=\alpha$이다. (단, α는 실수)

03-1 함수 $f(x)$가 $x>0$인 모든 실수 x에 대하여
$$2x^3-x^2+x-3 < f(x) < 2x^3+x^2-x+3$$
을 만족시킬 때, $\displaystyle\lim_{x\to\infty}\frac{f(x)+2x+1}{x^3+4}$의 값은?

① 1   ② 2   ③ 3   ④ 4   ⑤ 5

유형 04 미정계수의 결정 〔중요〕

$\displaystyle\lim_{x\to 1}\frac{\sqrt{x^2+3}+a}{x-1}=b$가 성립하도록 하는 상수 a, b에 대하여 ab의 값은?

① $-\dfrac{5}{3}$ ② $-\dfrac{4}{3}$ ③ -1 ④ $-\dfrac{2}{3}$ ⑤ $-\dfrac{1}{3}$

해결 포인트

$\displaystyle\lim_{x\to a}\frac{f(x)}{g(x)}=\alpha$ (α는 실수)일 때,
$\displaystyle\lim_{x\to a}g(x)=0$이면 $\displaystyle\lim_{x\to a}f(x)=0$
임을 이용한다.

04-1 $\displaystyle\lim_{x\to 3}\frac{x^2+ax}{x-3}=b$가 성립하도록 하는 상수 a, b에 대하여 $a+b$의 값은?

① -2 ② -1 ③ 0   ④ 1   ⑤ 2

04-2 $\displaystyle\lim_{x\to 3}\frac{\sqrt{x+1}-2}{ax+b}=\frac{1}{8}$이 성립하도록 하는 상수 a, b에 대하여 $a+b$의 값은?

① -4 ② -2 ③ 0   ④ 2   ⑤ 4

해결 포인트

$\displaystyle\lim_{x\to a}\frac{f(x)}{g(x)}=\alpha$ (α는 0이 아닌 실수)일 때, $\displaystyle\lim_{x\to a}f(x)=0$이면
$\displaystyle\lim_{x\to a}g(x)=0$임을 이용한다.

유형 05 다항함수의 결정

다항함수 $f(x)$가 $\displaystyle\lim_{x\to\infty}\frac{f(x)}{x^2+2x}=2$, $\displaystyle\lim_{x\to1}\frac{f(x)}{x^2-1}=3$을 만족시킬 때, $f(2)$의 값을 구하시오.

$\dfrac{\infty}{\infty}$ 꼴에서 분모와 분자의 차수가 같으면 최고차항의 계수의 비로 수렴한다.

05-1 다항함수 $f(x)$가 $\displaystyle\lim_{x\to\infty}\frac{f(x)}{x^2-3x+2}=3$, $\displaystyle\lim_{x\to2}\frac{f(x)}{x^2-3x+2}=1$을 만족시킬 때, $f(1)$의 값은?

① 1 ② 2 ③ 3 ④ 4 ⑤ 5

05-2 이차함수 $f(x)$가 $\displaystyle\lim_{x\to1}\frac{f(x)}{x-1}=8$, $\displaystyle\lim_{x\to-3}\frac{f(x)}{x^2-9}=\frac{q}{p}$를 만족시킬 때, $p+q$의 값을 구하시오.

(단, p와 q는 서로소인 자연수이다.)

$f(\alpha)=0$, $f(\beta)=0$이면
$f(x)=a(x-\alpha)(x-\beta)$
(a는 0이 아닌 상수)
로 놓을 수 있다.

유형 06 함수의 극한의 활용 중요

오른쪽 그림과 같이 세 점 $A(0,\ a)$, $O(0,\ 0)$, $B(2,\ 0)$을 꼭짓점으로 하는 삼각형과 이 삼각형에 내접하는 원이 있다.

원의 둘레의 길이를 l이라 할 때, $\displaystyle\lim_{a\to0+}\frac{l}{a}$이 값은? (단, $a>0$)

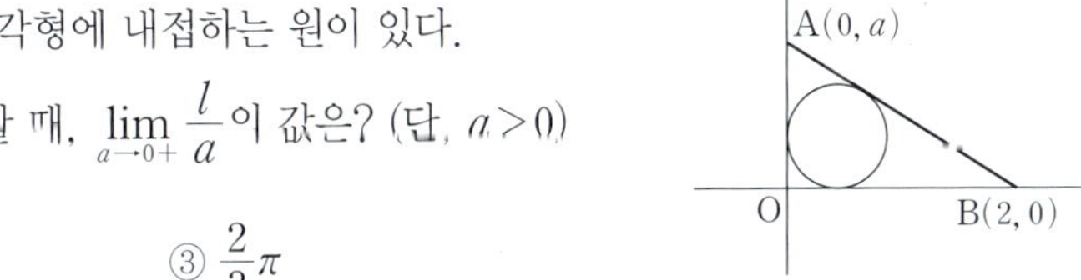

① $\dfrac{\pi}{3}$ ② $\dfrac{\pi}{2}$ ③ $\dfrac{2}{3}\pi$

④ $\dfrac{5}{6}\pi$ ⑤ π

먼저 원의 반지름의 길이를 r로 놓고 삼각형의 넓이를 이용하여 r를 a에 대하여 나타낸다.

06-1 오른쪽 그림과 같이 곡선 $y=x^2$ 위의 점 $P(t,\ t^2)$을 지나고 직선 OP에 수직인 직선 l과 y축의 교점을 A라 할 때, $\displaystyle\lim_{t\to\infty}(\overline{OA}-\overline{OP})$의 값은? (단, O는 원점이고, $t>0$이다.)

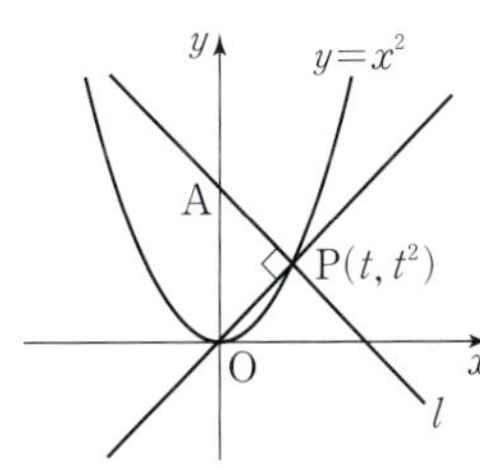

① $\dfrac{1}{3}$ ② $\dfrac{1}{2}$ ③ 1

④ $\dfrac{4}{3}$ ⑤ $\dfrac{3}{2}$

직선 OP의 기울기를 구한 후 직선 l의 기울기를 구한다.

01

함수 $f(x)=\begin{cases}\dfrac{\sqrt{x}-1}{x-1} & (x<1)\\ x+k & (x\geq1)\end{cases}$ 에 대하여 $\lim\limits_{x\to1}f(x)$의 값이 존재하도록 하는 상수 k의 값은?

① -1　　　② $-\dfrac{1}{2}$　　　③ 0

④ $\dfrac{1}{2}$　　　⑤ 1

02

함수 $y=f(x)$의 그래프가 오른쪽 그림과 같을 때,
$\lim\limits_{x\to0-}f(x)+\lim\limits_{x\to2+}f(x)$의 값은?

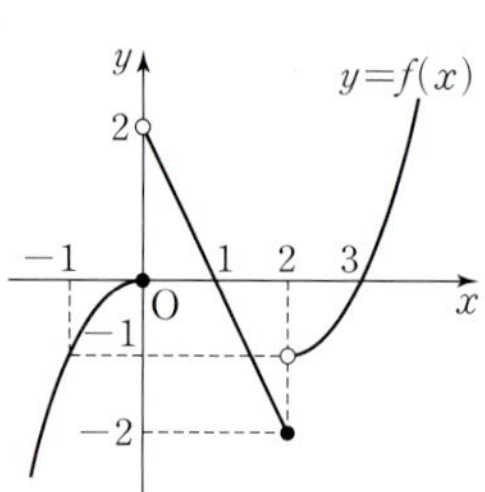

① -2　　　② -1
③ 0　　　④ 1
⑤ 2

03 중요

두 함수 $y=f(x)$, $y=g(x)$의 그래프가 다음 그림과 같을 때,
$\lim\limits_{x\to1+}f(g(x))+\lim\limits_{x\to1-}f(g(x))$의 값은?

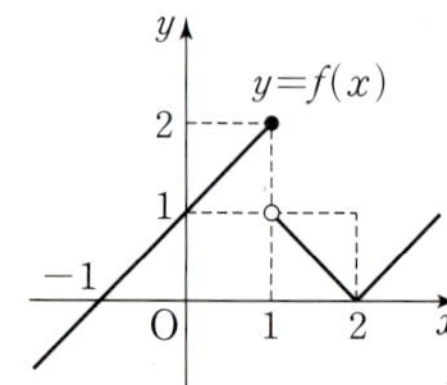

① -3　　　② -1　　　③ 0
④ 1　　　⑤ 3

04

$\lim\limits_{x\to1}\dfrac{1}{x-1}\left(\dfrac{x^2+5}{x+1}-3\right)$의 값은?

① $-\dfrac{1}{2}$　　　② $-\dfrac{1}{4}$　　　③ 0

④ $\dfrac{1}{4}$　　　⑤ $\dfrac{1}{2}$

05

다항함수 $f(x)$가 $\lim\limits_{x\to\infty}\dfrac{f(x)}{x}=3$을 만족시킬 때,
$\lim\limits_{x\to\infty}\dfrac{x-f(x)}{2+f(x)}$의 값은?

① $-\dfrac{5}{6}$　　　② $-\dfrac{2}{3}$　　　③ $-\dfrac{1}{2}$

④ $-\dfrac{1}{3}$　　　⑤ $-\dfrac{1}{6}$

06

두 함수 $f(x)$, $g(x)$에 대하여
$$\lim_{x\to2}\frac{f(x)}{x^2-3x+2}=3,\ \lim_{x\to2}\frac{g(x)}{2x^2-5x+2}=4$$
일 때, $\lim\limits_{x\to2}\dfrac{g(x)}{f(x)}$의 값을 구하시오.

07 중요

함수의 극한에 대한 설명 중 옳은 것만을 〈보기〉에서 있는 대로 고른 것은?

| 보기 |

ㄱ. $\lim\limits_{x\to a}f(x)$, $\lim\limits_{x\to a}f(x)g(x)$의 값이 각각 존재하면 $\lim\limits_{x\to a}g(x)$의 값도 존재한다.

ㄴ. $\lim\limits_{x\to a}g(x)$, $\lim\limits_{x\to a}\dfrac{f(x)}{g(x)}$의 값이 각각 존재하면 $\lim\limits_{x\to a}f(x)$의 값도 존재한다.

ㄷ. $\lim\limits_{x\to a}f(x)$, $\lim\limits_{x\to a}g(x)$의 값이 모두 존재하지 않으면 $\lim\limits_{x\to a}\{f(x)+g(x)\}$의 값도 존재하지 않는다.

① ㄱ　　　② ㄴ　　　③ ㄷ
④ ㄱ, ㄴ　　　⑤ ㄴ, ㄷ

08

$x>0$인 모든 실수 x에 대하여 함수 $f(x)$가 부등식
$$x^2+3x<f(x)<2x^2+3x$$
를 만족시킬 때, $\lim\limits_{x\to0+}\dfrac{f(2x)}{3x}$의 값을 구하시오.

09

$x>0$에서 정의된 함수 $f(x)$에 대하여

$$\frac{1}{\sqrt{4x^2+2x}} < xf(x) < \frac{1}{2x}$$

이 성립할 때, $\lim\limits_{x\to\infty} x^2 f(x)$의 값은?

① 0 ② $\dfrac{1}{4}$ ③ $\dfrac{1}{3}$

④ $\dfrac{1}{2}$ ⑤ 1

10

상수 a, b에 대하여 $\lim\limits_{x\to-1}\dfrac{x^2+(a+1)x+a}{x^2-b}=2$일 때, $\lim\limits_{x\to2}\dfrac{x^2+bx+2a}{x-2}$의 값을 구하시오.

11 중요

$\lim\limits_{x\to-1}\dfrac{\sqrt{x^2-x+2}-ax}{x+1}=b$가 성립하도록 하는 상수 a, b에 대하여 $a+b$의 값은?

① -1 ② $-\dfrac{7}{8}$ ③ $-\dfrac{3}{4}$

④ $-\dfrac{5}{8}$ ⑤ $-\dfrac{1}{2}$

12

이차함수 $f(x)$에 대하여

$$\lim\limits_{x\to2}\dfrac{f(x)}{x^2+x-6}=\alpha, \quad \lim\limits_{x\to-1}\dfrac{f(x)}{x^2-1}=\beta$$

일 때, $\dfrac{\beta}{\alpha}$의 값은? (단, α, β는 실수이다.)

① $\dfrac{1}{2}$ ② 1 ③ $\dfrac{3}{2}$

④ 2 ⑤ $\dfrac{5}{2}$

13 중요

다항함수 $f(x)$에 대하여

$$\lim\limits_{x\to\infty}\dfrac{f(x)-2x^3}{x^2}=3, \quad \lim\limits_{x\to0}\dfrac{f(x)}{x}=-1$$

일 때, $f(1)$의 값을 구하시오.

14

오른쪽 그림과 같이 두 점 A$(2, 0)$, B$(0, 1)$을 지나는 직선 l이 있다. 두 점 P$(t, 0)$, Q$(0, 2t)$에 대하여 직선 PQ와 직선 l의 교점을 R라 하고 삼각형 OPR의 넓이를 $S(t)$라 하자. $\lim\limits_{t\to0+}\dfrac{S(t)}{t}$의 값은? (단, $t>0$이고, O는 원점이다.)

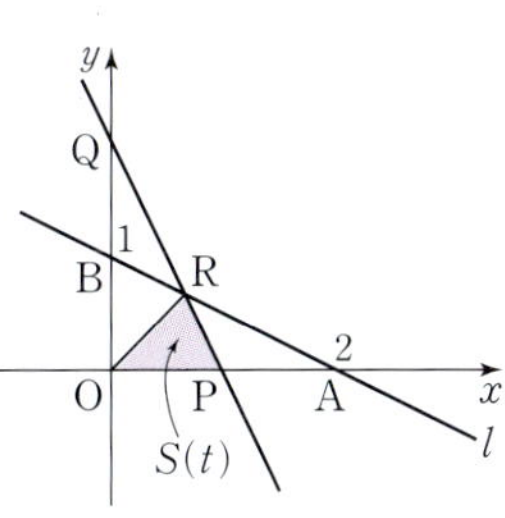

① $\dfrac{2}{3}$ ② 1 ③ $\dfrac{4}{3}$

④ $\dfrac{5}{3}$ ⑤ 2

15

| 2019 수능 나형 7번 |

함수 $y=f(x)$의 그래프가 그림과 같다. $\lim\limits_{x\to-1-}f(x)-\lim\limits_{x\to1+}f(x)$의 값은?

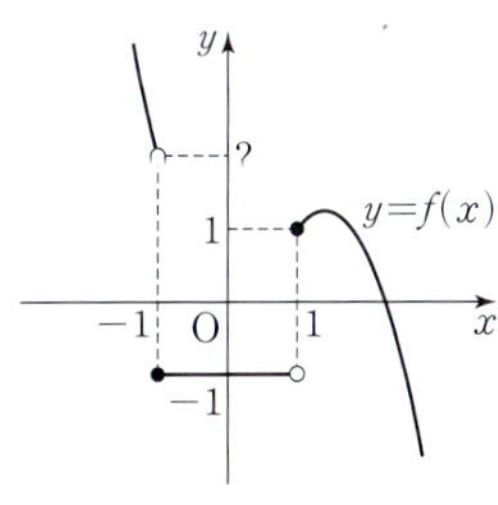

① -2 ② -1

③ 0 ④ 1

⑤ 2

16

| 2017 수능 나형 18번 |

최고차항의 계수가 1인 이차함수 $f(x)$가

$$\lim\limits_{x\to a}\dfrac{f(x)-(x-a)}{f(x)+(x-a)}=\dfrac{3}{5}$$

을 만족시킨다. 방정식 $f(x)=0$의 두 근을 α, β라 할 때, $|\alpha-\beta|$의 값은? (단, a는 상수이다.)

① 1 ② 2 ③ 3

④ 4 ⑤ 5

02 함수의 연속

❶ 함수의 연속

(1) 함수의 연속

함수 $f(x)$가 실수 a에 대하여 다음 세 조건을 만족시킬 때, $f(x)$는 $x=a$에서 연속이라 한다.

(ⅰ) 함숫값 $f(a)$가 정의되어 있다.

(ⅱ) 극한값 $\lim\limits_{x \to a} f(x)$가 존재한다. 즉, $\lim\limits_{x \to a+} f(x) = \lim\limits_{x \to a-} f(x)$

(ⅲ) $\lim\limits_{x \to a} f(x) = f(a)$

(2) 함수의 불연속

함수 $f(x)$가 $x=a$에서 연속이 아닐 때, $f(x)$는 $x=a$에서 불연속이라 한다.

즉, 위의 세 가지 조건 중 어느 하나라도 만족하지 않으면 함수 $f(x)$는 $x=a$에서 불연속이다.

❷ 연속함수의 성질

두 함수 $f(x)$, $g(x)$가 각각 $x=a$에서 연속이면 다음 각 함수도 $x=a$에서 연속이다.

① $cf(x)$ (단, c는 상수) ② $f(x) \pm g(x)$

③ $f(x)g(x)$ ④ $\dfrac{f(x)}{g(x)}$ (단, $g(a) \neq 0$)

❸ 최대 · 최소 정리

함수 $f(x)$가 닫힌구간 $[a, b]$에서 연속이면 함수 $f(x)$는 이 구간에서 반드시 최댓값과 최솟값을 갖는다.

❹ 사잇값의 정리

함수 $f(x)$가 닫힌구간 $[a, b]$에서 연속이고 $f(a) \neq f(b)$이면 $f(a)$와 $f(b)$ 사이의 임의의 값 k에 대하여

$$f(c) = k$$

인 c가 a와 b 사이에 적어도 하나 존재한다.

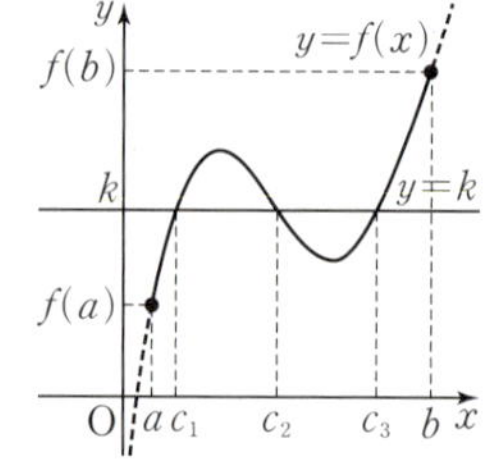

개념 Plus

- **구간의 뜻과 표현**

  ① 닫힌구간

  $\{x \,|\, a \leq x \leq b\} \iff [a, b]$

  ② 반닫힌 구간

  $\{x \,|\, a \leq x < b\} \iff [a, b)$

  $\{x \,|\, a < x \leq b\} \iff (a, b]$

  ③ 열린구간

  $\{x \,|\, a < x < b\} \iff (a, b)$

- 함수 $y=f(x)$의 그래프가 $x=a$에서 끊어져 있으면 함수 $f(x)$는 $x=a$에서 불연속이다.

- 함수 $f(x)$가 어떤 구간에 속하는 모든 실수에서 연속일 때, 함수 $f(x)$는 그 구간에서 연속 또는 연속함수라 한다.

- 두 함수 $f(x)$, $g(x)$가 $x=a$에서 연속이면 합성함수 $(f \circ g)(x)$는 $g(x)$의 치역이 $f(x)$의 정의역에 포함될 때, $x=a$에서 연속이다.

- **사잇값의 정리의 활용**

  함수 $f(x)$가 닫힌구간 $[a, b]$에서 연속이고 $f(a)$와 $f(b)$의 부호가 다르면, 즉 $f(a)f(b)<0$이면 방정식 $f(x)=0$을 만족시키는 실근이 a와 b 사이에 적어도 하나 존재한다.

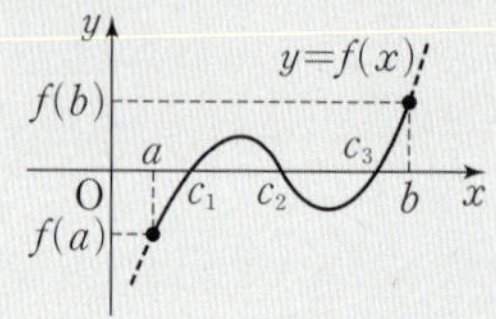

정답과 풀이 10쪽

유형 01 함수의 그래프와 연속

함수 $y=f(x)$의 그래프가 오른쪽 그림과 같을 때, 옳은 것만을 〈보기〉에서 있는 대로 고른 것은?

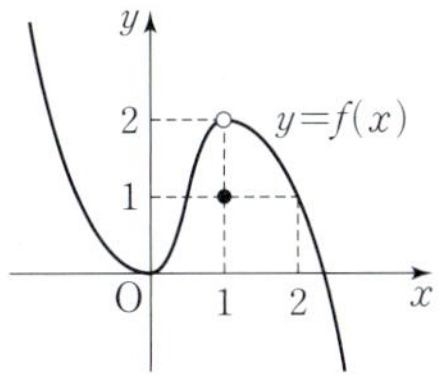

보기

ㄱ. 함수 $f(x)$는 $x=1$에서 연속이다.

ㄴ. $\lim_{x\to 1}\{f(x)\}^2=4$

ㄷ. 함수 $f(x+1)$은 $x=0$에서 연속이다.

① ㄱ ② ㄴ ③ ㄷ ④ ㄱ, ㄷ ⑤ ㄴ, ㄷ

해결 포인트

함수 $f(x)$가 $x=a$에서 연속이면 $\lim_{x\to a}f(x)=f(a)$가 성립한다.

01-1 두 함수 $y=f(x)$, $y=g(x)$의 그래프가 다음 그림과 같을 때, 옳은 것만을 〈보기〉에서 있는 대로 고른 것은?

보기

ㄱ. $\lim_{x\to 0-}(g\circ f)(x)=0$

ㄴ. $\lim_{x\to 1}(g\circ f)(x)=1$

ㄷ. 함수 $(g\circ f)(x)$는 $x=1$에서 연속이다.

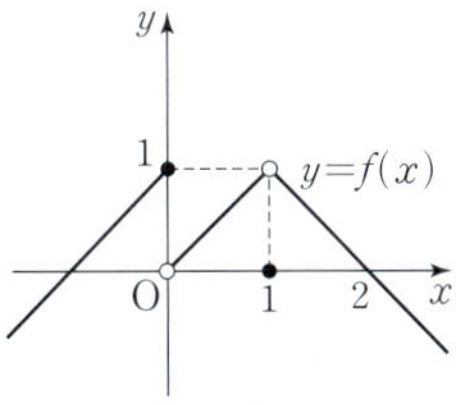

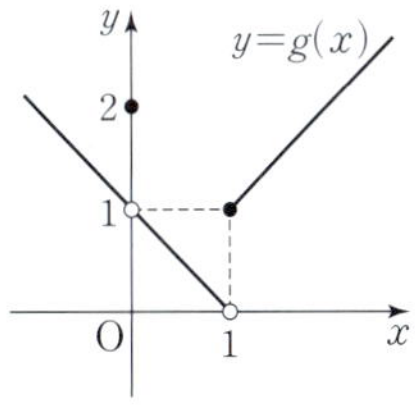

① ㄱ ② ㄷ ③ ㄱ, ㄴ ④ ㄱ, ㄷ ⑤ ㄱ, ㄴ, ㄷ

유형 02 함수가 연속일 조건 중요

$x=3$에서 연속인 함수 $f(x)$가 $(x-3)f(x)=\sqrt{-2x+a}-2$를 만족시킬 때, $a+f(3)$의 값은? (단, a는 상수이다.)

① 8 ② $\frac{17}{2}$ ③ 9 ④ $\frac{19}{2}$ ⑤ 10

해결 포인트

함수 $f(x)$가 $x=3$에서 연속이므로 $\lim_{x\to 3}f(x)=f(3)$이 성립함을 이용한다.

02-1 함수 $f(x)=\begin{cases} x+a & (|x|\geq 2) \\ x(x-b) & (|x|<2) \end{cases}$가 모든 실수 x에서 연속이 되도록 하는 상수 a, b에 대하여 $a+b$의 값은?

① 1 ② 3 ③ 5 ④ 7 ⑤ 9

해결 포인트

모든 실수 x에서 연속이 되려면 $|x|=2$에서 연속이어야 한다.

정답과 풀이 10쪽

유형 **03** 연속함수의 성질

두 함수

$$f(x)=\begin{cases}(x-2)^2 & (x\neq2)\\ 2 & (x=2)\end{cases}, \; g(x)=x+2k$$

에 대하여 함수 $f(x)g(x)$가 실수 전체의 집합에서 연속이 되도록 하는 상수 k의 값은?

① -2　　② -1　　③ 0　　④ 1　　⑤ 2

03-1 두 함수

$$f(x)=\begin{cases}(x-1)^2 & (x>1)\\ 2x & (x\leq1)\end{cases}, \; g(x)=x-k$$

에 대하여 함수 $f(x)g(x)$가 실수 전체의 집합에서 연속이 되도록 하는 상수 k의 값은?

① -2　　② -1　　③ 0　　④ 1　　⑤ 2

03-2 두 함수

$$f(x)=\begin{cases}x^2-4x+8 & (x<2)\\ 3 & (x\geq2)\end{cases}, \; g(x)=ax+1$$

에 대하여 함수 $\dfrac{g(x)}{f(x)}$가 실수 전체의 집합에서 연속이 되도록 하는 상수 a의 값은?

① -1　　② $-\dfrac{1}{2}$　　③ 0　　④ $\dfrac{1}{2}$　　⑤ 1

유형 **04** 사잇값의 정리

방정식 $x^3+3x-8=0$이 오직 하나의 실근을 가질 때, 다음 중 이 방정식의 실근이 존재하는 구간은?

① $(0, 1)$　　② $(1, 2)$　　③ $(2, 3)$　　④ $(3, 4)$　　⑤ $(4, 5)$

04-1 방정식 $x^3-x^2+2x+1=0$은 오직 하나의 실근을 갖는다. 다음 중 이 방정식의 실근이 존재하는 구간은?

① $(-2, -1)$　② $(-1, 0)$　　③ $(0, 1)$　　④ $(1, 2)$　　⑤ $(2, 3)$

빈출 유형 마무리

01

함수 $y=f(x)f(x+1)$이 $x=0$에서 연속이 되는 함수 $y=f(x)$의 그래프만을 〈보기〉에서 있는 대로 고른 것은?

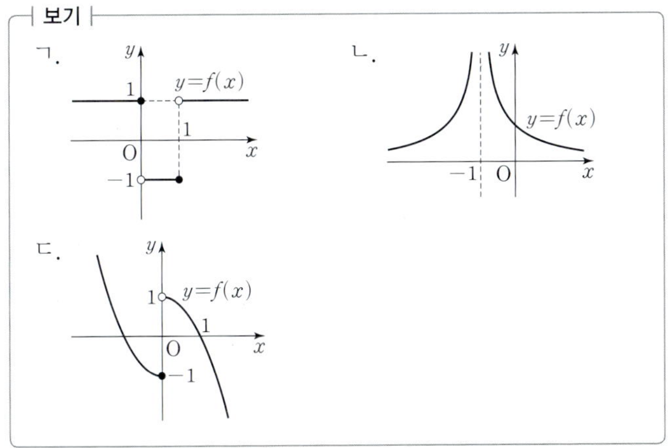

① ㄱ ② ㄷ ③ ㄱ, ㄴ
④ ㄴ, ㄷ ⑤ ㄱ, ㄴ, ㄷ

02 중요

$-2 \le x \le 2$에서 정의된 두 함수 $y=f(x)$, $y=g(x)$의 그래프가 다음 그림과 같을 때, 옳은 것만을 〈보기〉에서 있는 대로 고른 것은?

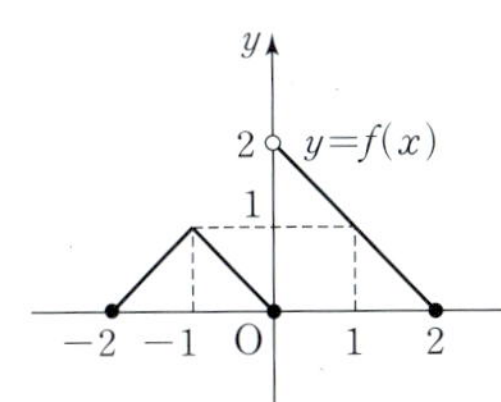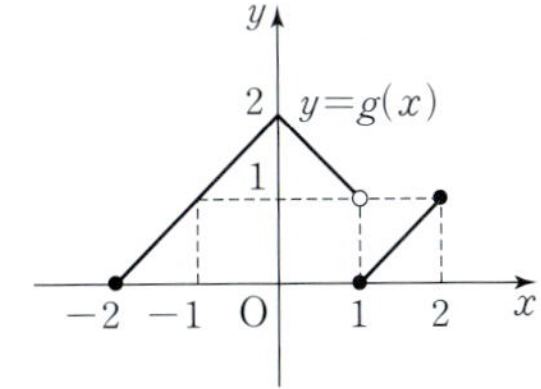

┤ 보기 ├
ㄱ. $\lim\limits_{x \to 1}\{f(x)+g(-x)\}=2$
ㄴ. 함수 $f(x)g(x)$는 $x=0$에서 연속이다.
ㄷ. $\lim\limits_{x \to -1}g(f(x))=1$

① ㄱ ② ㄴ ③ ㄷ
④ ㄱ, ㄷ ⑤ ㄱ, ㄴ, ㄷ

03

함수 $y=f(x)$의 그래프가 다음 그림과 같을 때, $x=1$에서 연속인 함수만을 〈보기〉에서 있는 대로 고른 것은?

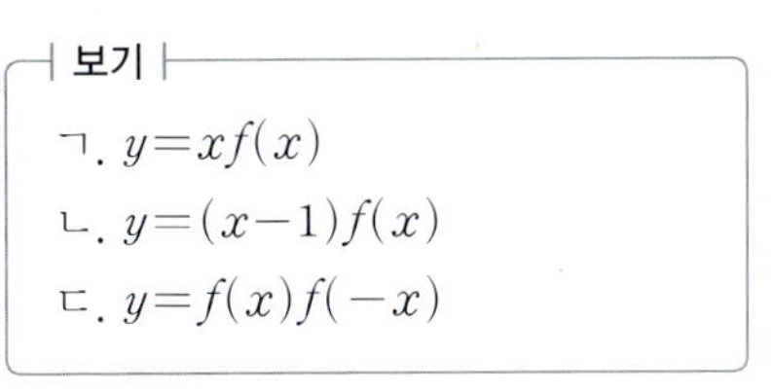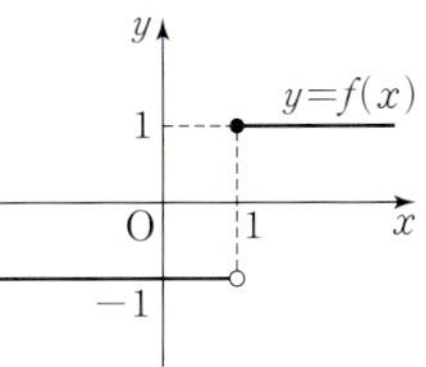

┤ 보기 ├
ㄱ. $y=xf(x)$
ㄴ. $y=(x-1)f(x)$
ㄷ. $y=f(x)f(-x)$

① ㄱ ② ㄴ ③ ㄷ
④ ㄱ, ㄴ ⑤ ㄴ, ㄷ

04

모든 실수 x에서 연속인 함수 $f(x)$에 대하여
$$(x-1)f(x)=x^2+5x-a$$
일 때, $a+f(1)$의 값을 구하시오. (단, a는 상수이다.)

05

함수 $f(x)=a[x]^2-3[x]+2$가 $x=2$에서 연속이 되도록 하는 상수 a의 값은?

(단, $[x]$는 x보다 크지 않은 최대의 정수이다.)

① 1 ② 2 ③ 3
④ 4 ⑤ 5

06 중요

함수 $f(x)=\begin{cases} 3x+a & (x \le -3) \\ x^3+b & (-3 < x < 1) \\ -x^2+c & (x \ge 1) \end{cases}$이 실수 전체의 집합에서 연속이고, $f(-1)=5$일 때, 상수 a, b, c에 대하여 $a+b+c$의 값을 구하시오.

07

다항함수 $f(x)$에 대하여 함수
$$g(x)=\begin{cases} \dfrac{f(x)-x^3}{(x-1)^2} & (x\neq 1) \\ k & (x=1) \end{cases}$$
이 모든 실수 x에서 연속이고, $\lim\limits_{x\to\infty} g(x)=3$일 때, 상수 k의 값을 구하시오.

08

함수 $f(x)=\begin{cases} \dfrac{\sqrt{x^2+a}+b}{x+1} & (x\neq -1) \\ -\dfrac{1}{2} & (x=-1) \end{cases}$ 이 모든 실수 x에서 연속일 때, 상수 a, b에 대하여 $a+b$의 값을 구하시오.

09

함수
$$f(x)=\begin{cases} -x-1 & (x<-1,\ -1<x<0) \\ 1 & (x=-1,\ x=0) \\ x-1 & (x>0) \end{cases}$$
과 최고차항의 계수가 1인 이차함수 $g(x)$에 대하여 함수 $f(x)g(x)$가 실수 전체의 집합에서 연속일 때, $g(3)$의 값은?

① 10 ② 11 ③ 12
④ 13 ⑤ 14

10

두 함수 $f(x)=\begin{cases} x^2-3x & (x\leq 1) \\ x-1 & (x>1) \end{cases}$, $g(x)=x^2-4x+3$에 대하여 실수 전체의 집합에서 연속인 함수를 〈보기〉에서 있는 대로 고른 것은?

┌─ 보기 ┐
ㄱ. $f(x)+g(x)$ ㄴ. $f(x)g(x)$ ㄷ. $\dfrac{f(x)}{g(x)}$
└──────┘

① ㄱ ② ㄴ ③ ㄱ, ㄷ
④ ㄴ, ㄷ ⑤ ㄱ, ㄴ, ㄷ

11

연속함수 $f(x)$가
$$f(0)=2,\ f(1)=5,\ f(2)=4,$$
$$f(3)=10,\ f(4)=0,\ f(5)=4$$
를 만족시킬 때, 열린구간 $(0, 5)$에서 방정식 $f(x)=2x$의 실근은 2개이다. 방정식 $f(x)=2x$의 실근이 존재하는 구간은?

① $(0, 1)$ ② $(1, 2)$ ③ $(2, 3)$
④ $(3, 4)$ ⑤ $(4, 5)$

12 중요

연속함수 $f(x)$에 대하여 $f(0)f(-2)<0$, $f(2)f(3)>0$, $f(-3)f(-4)<0$이고, $f(x)=f(-x)$일 때, 열린구간 $(-4, 4)$에서 방정식 $f(x)=0$의 실근의 개수의 최솟값을 구하시오.

13

| 2019 6월 평가원 나형 28번 |

이차함수 $f(x)$가 다음 조건을 만족시킨다.

┌─────────────────────────┐
(가) 함수 $\dfrac{x}{f(x)}$ 는 $x=1$, $x=2$에서 불연속이다.

(나) $\lim\limits_{x\to 2} \dfrac{f(x)}{x-2}=4$
└─────────────────────────┘

$f(4)$의 값을 구하시오.

14

| 2017 수능 나형 14번 |

두 함수 $f(x)=\begin{cases} x^2-4x+6 & (x<2) \\ 1 & (x\geq 2) \end{cases}$, $g(x)=ax+1$에 대하여 함수 $\dfrac{g(x)}{f(x)}$가 실수 전체의 집합에서 연속일 때, 상수 a의 값은?

① $-\dfrac{5}{4}$ ② -1 ③ $-\dfrac{3}{4}$
④ $-\dfrac{1}{2}$ ⑤ $-\dfrac{1}{4}$

II

미분

01_ 미분계수와 도함수

02_ 도함수의 활용 (1)

03_ 도함수의 활용 (2)

04_ 도함수의 활용 (3)

01 미분계수와 도함수

❶ 평균변화율과 미분계수

(1) 평균변화율

함수 $y=f(x)$에서 x의 값이 a에서 b까지 변할 때의 평균변화율은

$$\frac{\Delta y}{\Delta x}=\frac{f(b)-f(a)}{b-a}=\frac{f(a+\Delta x)-f(a)}{\Delta x}$$

(2) 미분계수

함수 $y=f(x)$의 $x=a$에서의 미분계수 또는 순간변화율은

$$f'(a)=\lim_{\Delta x\to 0}\frac{\Delta y}{\Delta x}=\lim_{\Delta x\to 0}\frac{f(a+\Delta x)-f(a)}{\Delta x}$$

$$=\lim_{h\to 0}\frac{f(a+h)-f(a)}{h}=\lim_{x\to a}\frac{f(x)-f(a)}{x-a}$$

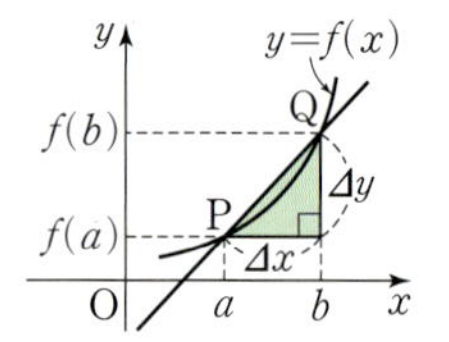

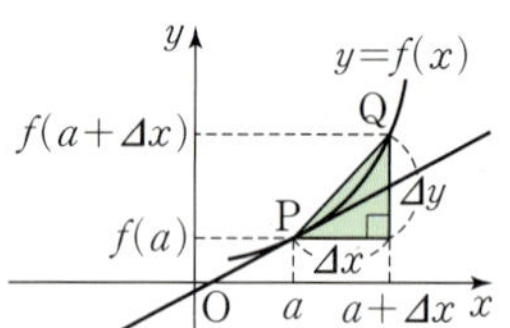

개념 Plus

- **평균변화율의 기하적 의미**
  평균변화율은 곡선 $y=f(x)$ 위의 두 점 P$(a, f(a))$, Q$(b, f(b))$를 지나는 직선 PQ의 기울기를 나타낸다.

- **미분계수의 기하적 의미**
  미분계수 $f'(a)$는 곡선 $y=f(x)$ 위의 점 P$(a, f(a))$에서의 접선의 기울기를 나타낸다.

❷ 미분가능성과 연속성

(1) 함수 $f(x)$의 $x=a$에서의 미분계수 $f'(a)$가 존재할 때, 함수 $f(x)$는 $x=a$에서 미분가능하다고 한다.

(2) 함수 $f(x)$가 $x=a$에서 미분가능하면 $f(x)$는 $x=a$에서 연속이다. 그러나 일반적으로 그 역은 성립하지 않는다.

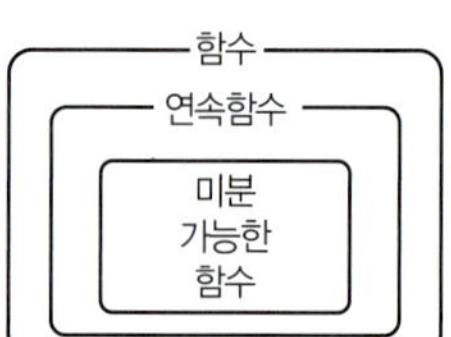

- 함수 $f(x)$가 $x=a$에서 불연속이거나 그래프가 뾰족하게 꺾인 경우에 $x=a$에서 미분가능하지 않다.

❸ 도함수의 정의

미분가능한 함수 $y=f(x)$의 도함수는

$$f'(x)=\lim_{\Delta x\to 0}\frac{f(x+\Delta x)-f(x)}{\Delta x}=\lim_{h\to 0}\frac{f(x+h)-f(x)}{h}$$

- 함수 $f(x)$의 도함수를 구하는 것을 $f(x)$를 x에 대하여 미분한다고 하고, 이 계산법을 미분법이라 한다.

❹ 함수 $y=x^n$과 상수함수의 도함수

① $y=x^n$ ($n\geq 2$인 정수)이면 $y'=nx^{n-1}$

② $y=x$이면 $y'=1$

③ $y=c$ (c는 상수)이면 $y'=0$

❺ 함수의 실수배, 합, 차, 곱의 미분법

세 함수 $f(x)$, $g(x)$, $h(x)$가 미분가능할 때

① $y=cf(x)$이면 $y'=cf'(x)$ (단, c는 상수)

② $y=f(x)\pm g(x)$이면 $y'=f'(x)\pm g'(x)$ (복부호동순)

③ $y=f(x)g(x)$이면 $y'=f'(x)g(x)+f(x)g'(x)$

④ $y=f(x)g(x)h(x)$이면 $y'=f'(x)g(x)h(x)+f(x)g'(x)h(x)+f(x)g(x)h'(x)$

⑤ $y=\{f(x)\}^n$이면 $y'=n\{f(x)\}^{n-1}f'(x)$ (단, n은 양의 정수)

- 합, 차의 미분법은 각각을 미분하지만 곱의 미분법은 각각의 함수를 번갈아가며 미분한다.
  $y=f(x)g(x)$
  $\Rightarrow y'\neq f'(x)g'(x)$

내신 & 수능 빈출 유형

유형 01 평균변화율과 미분계수

함수 $f(x)=x^2+x$의 닫힌구간 $[1, 3]$에서의 평균변화율과 $x=a$에서의 미분계수가 같을 때, 상수 a의 값은?

① 1   ② 2   ③ 3   ④ 4   ⑤ 5

해결 포인트

함수 $f(x)$의 닫힌구간 $[1, 3]$에서의 평균변화율은 $\dfrac{f(3)-f(1)}{3-1}$이고, $x=a$에서의 미분계수는 $\displaystyle\lim_{x \to a}\dfrac{f(x)-f(a)}{x-a}$이다.

01-1 함수 $f(x)=x^2+4x$에 대하여 x의 값이 -1에서 2까지 변할 때의 평균변화율과 $x=a$에서의 순간변화율이 같을 때, 상수 a의 값은?

① $\dfrac{1}{2}$ ② 1   ③ $\dfrac{3}{2}$ ④ 2   ⑤ $\dfrac{5}{2}$

유형 02 미분계수를 이용한 극한값의 계산 (1) 〔중요〕

다항함수 $f(x)$에 대하여 $f'(1)=4$일 때, $\displaystyle\lim_{h \to 0}\dfrac{f(1-3h)-f(1)}{h}$의 값은?

① -12 ② -11 ③ -10 ④ -9 ⑤ -8

해결 포인트

$\displaystyle\lim_{h \to 0}\dfrac{f(1-3h)-f(1)}{-3h}=f'(1)$ 임을 이용한다.

02-1 다항함수 $f(x)$에 대하여 $f'(a)=2$일 때, $\displaystyle\lim_{h \to 0}\dfrac{f(a+3h)-f(a-2h)}{h}$의 값은?

① 6   ② 8   ③ 10   ④ 12   ⑤ 14

02-2 다항함수 $f(x)$에 대하여 $f(1)=2$, $f'(1)=5$일 때, $\displaystyle\lim_{x \to 1}\dfrac{f(x)-xf(1)}{x-1}$의 값은?

① 3   ② 4   ③ 5   ④ 6   ⑤ 7

해결 포인트

$\displaystyle\lim_{x \to 1}\dfrac{f(x)-xf(1)}{x-1}$ 을 $f(1)$, $f'(1)$에 대한 식으로 변형한다.

유형 03 미분가능성과 연속성

함수 $f(x)$의 $x=1$에서의 미분계수 $f'(1)$이 존재할 때, 함수 $f(x)$는 $x=1$에서 미분가능하다고 한다.

$x=1$에서 연속이지만 미분가능하지 않은 함수만을 〈보기〉에서 있는 대로 고른 것은?

(단, $[x]$는 x보다 크지 않은 최대의 정수이다.)

┤ 보기 ├

ㄱ. $f(x)=[x]$ ㄴ. $g(x)=|x-1|^2$ ㄷ. $k(x)=|x^2-1|$

① ㄱ ② ㄴ ③ ㄷ ④ ㄱ, ㄷ ⑤ ㄴ, ㄷ

03-1 다음 중 $x=0$에서 연속이지만 미분가능하지 않은 함수는?

① $f(x)=2$ ② $f(x)=\dfrac{1}{x}$ ③ $f(x)=x|x|$

④ $f(x)=\sqrt{x^2}$ ⑤ $f(x)=\begin{cases} \dfrac{|x|}{x} & (x \neq 0) \\ 0 & (x=0) \end{cases}$

유형 04 미분계수를 이용한 극한값의 계산 (2) 

$$\lim_{h \to 0} \frac{f(3+h)-f(3)}{h} = f'(3),$$
$$\lim_{h \to 0} \frac{f(3-h)-f(3)}{-h} = f'(3)$$

임을 이용하여

$$\lim_{h \to 0} \frac{f(3+h)-f(3-h)}{4h}$$

를 변형한다.

함수 $f(x)=2x^2-4x+3$에 대하여 $\displaystyle\lim_{h \to 0} \frac{f(3+h)-f(3-h)}{4h}$의 값은?

① 1 ② 2 ③ 3 ④ 4 ⑤ 5

04-1 함수 $f(x)=x^2+ax+b$에 대하여 $\displaystyle\lim_{h \to 0} \frac{f(h)}{h}=2$일 때, $f(-1)+f'(1)$의 값은?

(단, a, b는 상수이다.)

① 1 ② 2 ③ 3 ④ 4 ⑤ 5

04-2 함수 $f(x)=x^4+ax+b$에 대하여 $\displaystyle\lim_{x \to 1} \frac{f(x)}{x-1}=2$일 때, 상수 a, b에 대하여 ab의 값은?

극한값이 존재하고, $x \to 1$일 때 (분모)$\to 0$이면 (분자)$\to 0$이어야 한다.

① -4 ② -2 ③ 0 ④ 2 ⑤ 4

유형 **05** 함수의 미분가능성 (중요)

함수 $f(x) = \begin{cases} x^3 - x & (x \leq 1) \\ ax^2 + b & (x > 1) \end{cases}$ 이 $x=1$에서 미분가능할 때, 상수 a, b에 대하여 ab의 값은?

① -2 　　② -1 　　③ 0 　　④ 1 　　⑤ 2

해결 포인트

함수 $f(x)$가 $x=1$에서 미분가능하면 $f(x)$는 $x=1$에서 연속이고, 좌미분계수와 우미분계수가 같다.

05-1 함수 $f(x) = \begin{cases} 3x^2 - ax + 2 & (x \geq 1) \\ x + b & (x < 1) \end{cases}$ 이 $x=1$에서 미분가능할 때, $f(-2) + f(2)$의 값은?

(단, a, b는 상수이다.)

① 1 　　② 3 　　③ 5 　　④ 7 　　⑤ 9

해결 포인트

$x=a$에서 미분가능하면 $x=a$에서 연속이다.

05-2 함수 $f(x) = \begin{cases} x^3 + ax^2 + 1 & (x \geq 2) \\ 4x - b & (x < 2) \end{cases}$ 가 $x=2$에서 미분가능할 때, 상수 a, b에 대하여 $a+b$의 값은?

① -3 　　② -1 　　③ 1 　　④ 3 　　⑤ 5

유형 **06** 곱의 미분법

$f(x) = (3x^2 + 2x - 1)(x^2 - x + 2)$에 대하여 $f'(1)$의 값을 구하시오.

06-1 미분가능한 두 함수 $f(x)$, $g(x)$가 모든 실수 x에 대하여 $(x-1)f(x) = g(x)$를 만족시킨다. $f(1) = 2$일 때, $g'(1)$의 값은?

① 1 　　② 2 　　③ 3 　　④ 4 　　⑤ 5

해결 포인트

두 함수 $f(x)$, $g(x)$가 미분가능하므로
$(x-1)'f(x) + (x-1)f'(x)$
$= g'(x)$
임을 이용한다.

01

함수 $f(x)=x^3-2x+1$에서 x의 값이 -3에서 0까지 변할 때의 평균변화율과 $f'(a)$의 값이 같을 때, 음수 a의 값은?

① -3 ② $-\sqrt{3}$ ③ $-\sqrt{2}$

④ $-\dfrac{1}{2}$ ⑤ -1

02

함수 $f(x)$에 대하여 $\lim\limits_{x\to 3}\dfrac{f(x)-f(3)}{x-3}=2$일 때,

$\lim\limits_{h\to 0}\dfrac{f(3+2h)-f(3)}{h}$의 값은?

① 3 ② 4 ③ 5

④ 6 ⑤ 7

03 중요

다항함수 $f(x)$에 대하여 $f'(1)=3$일 때,

$\lim\limits_{h\to 0}\dfrac{f(1+2h)-f(1-2h)}{h}$의 값은?

① 8 ② 9 ③ 10

④ 11 ⑤ 12

04

함수 $f(x)$에 대하여 $f'(2)=2$, $f'(4)=7$일 때,

$\lim\limits_{x\to 2}\dfrac{f(x^2)-f(4)}{f(x)-f(2)}$의 값은?

① 10 ② 12 ③ 14

④ 16 ⑤ 18

05

열린구간 $(-3,\ 4)$에서 함수 $y=f(x)$의 그래프가 다음 그림과 같을 때, 함수 $f(x)$가 불연속인 점은 a개, 미분가능하지 않은 점은 b개이다. $b-a$의 값은?

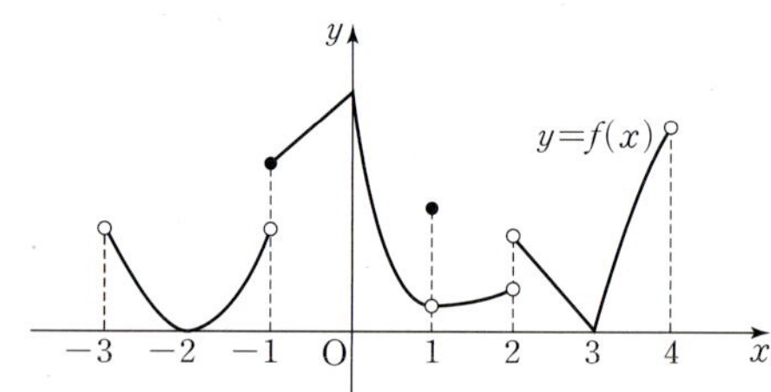

① -2 ② -1 ③ 0

④ 1 ⑤ 2

06

$x=0$에서 연속이지만 미분가능하지 않은 것만을 〈보기〉에서 있는 대로 고른 것은?

┌─ 보기 ├─
ㄱ. $f(x)=1$
ㄴ. $g(x)=|x(x-1)|$
ㄷ. $k(x)=x|x|$

① ㄱ ② ㄴ ③ ㄷ

④ ㄱ, ㄷ ⑤ ㄴ, ㄷ

07

미분가능한 함수 $f(x)$가 다음 조건을 만족시킬 때, $f'(3)$의 값을 구하시오.

㈎ 임의의 실수 x, y에 대하여
$$f(x+y)=f(x)+f(y)+xy$$
㈏ $f'(0)=3$

08

$\displaystyle\lim_{x\to 1}\frac{x^n+x^2+x-3}{x-1}=7$일 때, 자연수 n의 값을 구하시오.

09

함수 $f(x)=x^3-3x^2+ax+5$에 대하여
$\displaystyle\lim_{x\to 1}\frac{f(x)-f(1)}{x^2-1}=3$일 때, 상수 a의 값은?

① 5 　　　　② 6 　　　　③ 7
④ 8 　　　　⑤ 9

10 중요

함수 $f(x)=x^2+2ax+b$에 대하여 $\displaystyle\lim_{h\to 0}\frac{f(2h)}{h}=10$일 때, $10(a+b)$의 값을 구하시오. (단, a, b는 상수이다.)

11 중요

함수 $f(x)=\begin{cases} ax^2-3x+2 & (x\geq 0) \\ ax+b & (x<0) \end{cases}$이 모든 실수 x에서 미분

가능할 때, 상수 a, b에 대하여 a^2+b^2의 값은?

① 1 　　　　② 2 　　　　③ 5
④ 10 　　　　⑤ 13

12

두 다항함수 $f(x)$, $g(x)$가
$$\lim_{x\to 2}\frac{f(x)-3}{x-2}=5,\ \lim_{x\to 2}\frac{g(x)-2}{x-2}=7$$
을 만족시키고, $h(x)=f(x)g(x)$라 할 때, $h'(2)$의 값을 구하시오.

13 중요

다항식 ax^3+bx^2-4가 $(x-2)^2$으로 나누어떨어질 때, 상수 a, b에 대하여 ab의 값은?

① -3 　　　　② -2 　　　　③ -1
④ 1 　　　　⑤ 2

14

|2019 6월 평가원 나형 17번|

함수 $f(x)=ax^2+b$가 모든 실수 x에 대하여
$$4f(x)=\{f'(x)\}^2+x^2+4$$
를 만족시킨다. $f(2)$의 값은? (단, a, b는 상수이다.)

① 3 　　　　② 4 　　　　③ 5
④ 6 　　　　⑤ 7

15

|2018 수능 나형 18번|

최고차항의 계수가 1이고 $f(1)=0$인 삼차함수 $f(x)$가
$$\lim_{x\to 2}\frac{f(x)}{(x-2)\{f'(x)\}^2}=\frac{1}{4}$$
을 만족시킬 때, $f(3)$의 값은?

① 4 　　　　② 6 　　　　③ 8
④ 10 　　　　⑤ 12

02 도함수의 활용 (1)

❶ 접선의 방정식

곡선 $y=f(x)$ 위의 점 $\mathrm{P}(a,\ f(a))$에서의 접선의 기울기는 $x=a$에서의 미분계수 $f'(a)$의 값과 같다.

따라서 점 P에서의 접선의 방정식은 다음과 같다.

$$y-f(a)=f'(a)(x-a)$$

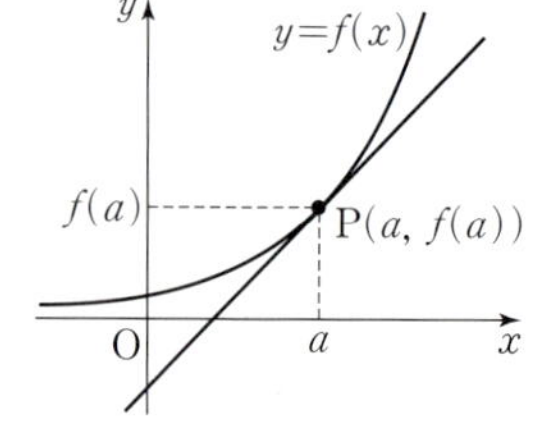

❷ 접선의 방정식을 구하는 방법

(1) 곡선 $y=f(x)$ 위의 한 점 $(a,\ f(a))$에서의 접선의 방정식

　❶ 접선의 기울기 $f'(a)$를 구한다.

　❷ $y-f(a)=f'(a)(x-a)$를 이용하여 접선의 방정식을 구한다.

(2) 곡선 $y=f(x)$에 접하고 기울기가 m인 접선의 방정식

　❶ 접점의 좌표를 $(t,\ f(t))$로 놓는다.

　❷ $f'(t)=m$임을 이용하여 접점의 좌표를 구한다.

　❸ $y-f(t)=m(x-t)$를 이용하여 접선의 방정식을 구한다.

(3) 곡선 $y=f(x)$ 밖의 한 점 $(x_1,\ y_1)$에서 곡선 $y=f(x)$에 그은 접선의 방정식

　❶ 접점의 좌표를 $(t,\ f(t))$로 놓는다.

　❷ $y-f(t)=f'(t)(x-t)$에 $x=x_1,\ y=y_1$을 대입하여 t의 값을 구한다.

　❸ $y-f(t)=f'(t)(x-t)$에 t의 값을 대입하여 접선의 방정식을 구한다.

❸ 공통인 접선

두 곡선 $y=f(x),\ y=g(x)$가 점 $(a,\ b)$에서 접하면
$$f(a)=g(a)=b,\ f'(a)=g'(a)$$

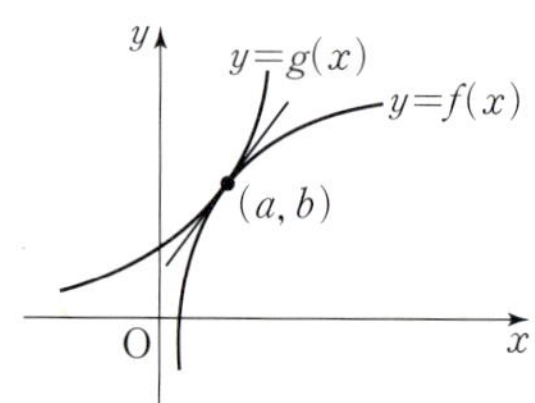

❹ 롤의 정리

함수 $f(x)$가 닫힌구간 $[a,\ b]$에서 연속이고 열린구간 $(a,\ b)$에서 미분가능할 때, $f(a)=f(b)$이면
$$f'(c)=0$$
인 c가 열린구간 $(a,\ b)$에 적어도 하나 존재한다.

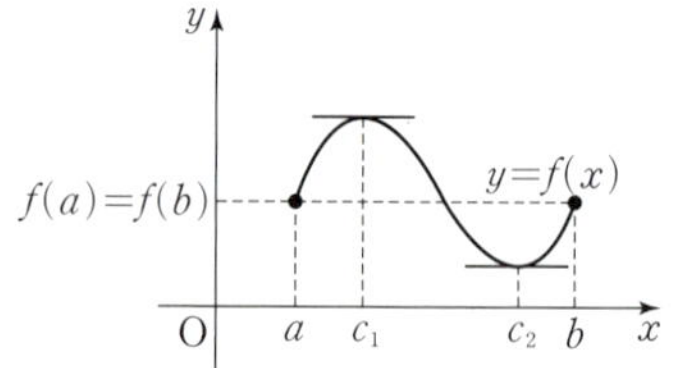

❺ 평균값 정리

함수 $f(x)$가 닫힌구간 $[a,\ b]$에서 연속이고 열린구간 $(a,\ b)$에서 미분가능하면
$$\frac{f(b)-f(a)}{b-a}=f'(c)$$
인 c가 열린구간 $(a,\ b)$에 적어도 하나 존재한다.

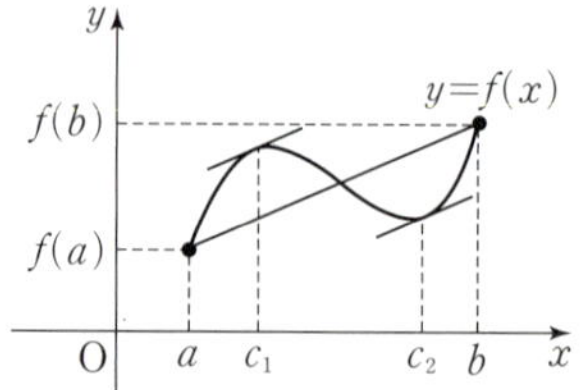

개념 Plus

- 점 $(a,\ b)$를 지나고 기울기가 m인 직선의 방정식은
$$y-b=m(x-a)$$

- 곡선 $y=f(x)$ 위의 점 $(a,\ f(a))$를 지나고, 이 점에서의 접선에 수직인 직선의 방정식은
$$y-f(a)=-\frac{1}{f'(a)}(x-a)$$
$$(\text{단, } f'(a)\neq 0)$$

- 곡선 $y=f(x)$ 위의 점 $(a,\ f(a))$에서의 접선이 x축의 양의 방향과 이루는 각의 크기를 θ라 하면 $f'(a)=\tan\theta$이다.

- **평균값 정리의 의미**
　두 점 $(a,\ f(a))$, $(b,\ f(b))$를 잇는 직선과 평행한 접선을 갖는 점이 열린구간 $(a,\ b)$에 반드시 적어도 하나 존재한다.

유형 01 곡선 위의 한 점에서의 접선의 방정식

곡선 $y=x^3-6x$ 위의 점 $(2,\ -4)$에서의 접선의 방정식이 $y=ax+b$일 때, 상수 a, b에 대하여 $a+b$의 값은?

① -10 ② -8 ③ -6 ④ -4 ⑤ -2

해결 포인트
곡선 $y=f(x)$ 위의 점 $(2,\ -4)$에서의 접선의 기울기는 $x=2$에서의 미분계수 $f'(2)$와 같다.

01-1 곡선 $y=x^3-x$ 위의 점 $(1,\ 0)$을 지나고 이 점에서의 접선과 수직인 직선의 방정식이 $ax+by=1$일 때, 상수 a, b에 대하여 $a+b$의 값은?

① 2 ② 3 ③ 4 ④ 5 ⑤ 6

해결 포인트
수직인 두 직선의 기울기의 곱은 -1이다.

유형 02 기울기가 주어진 접선의 방정식 🔴중요

곡선 $y=x^2-6x+8$에 접하고 직선 $y=2x+4$와 평행한 직선의 방정식은?

① $y=2x-4$ ② $y=2x-6$ ③ $y=2x-8$
④ $y=2x+6$ ⑤ $y=2x+8$

해결 포인트
직선 $y=ax+b$와 평행한 직선의 방정식을 $y=cx+d$라 하면 $a=c$, $b\neq d$이다.

02-1 곡선 $y=x^3-4x-5$에 접하는 직선 중 기울기가 -1인 접선의 방정식은 $y=-x+a$ 또는 $y=-x+b$이다. 상수 a, b에 대하여 $b-a$의 값은? (단, $a<b$이다.)

① $\dfrac{1}{2}$ ② 1 ③ 2 ④ 3 ⑤ 4

02-2 곡선 $y=x^2$에 접하는 직선 중 x축의 양의 방향과 이루는 각의 크기가 $45°$인 접선과 원점 사이의 거리는?

① $\dfrac{\sqrt{2}}{8}$ ② $\dfrac{\sqrt{2}}{4}$ ③ $\dfrac{\sqrt{2}}{2}$ ④ $\sqrt{2}$ ⑤ $2\sqrt{2}$

해결 포인트
곡선 $y=f(x)$ 위의 점 $(t,\ f(t))$에서의 접선이 x축의 양의 방향과 이루는 각의 크기를 θ라 하면 $\tan\theta=f'(t)$이다.

유형 **03** 곡선 밖의 한 점에서 곡선에 그은 접선의 방정식

점 $(0, 1)$에서 곡선 $y=x^3-3x^2+2x$에 그은 두 접선의 접점을 각각 P, Q라 할 때, 두 점 P, Q의 x좌표의 합은?

① $-\dfrac{1}{2}$ ② $-\dfrac{1}{4}$ ③ 0 ④ $\dfrac{1}{4}$ ⑤ $\dfrac{1}{2}$

해결 포인트

점 $(0, 1)$은 곡선 $y=x^3-3x^2+2x$ 밖의 점이므로 접점의 좌표를 (t, t^3-3t^2+2t)로 놓고, 접선의 방정식을 구한다.

03-1 원점에서 곡선 $y=x^3-x+2$에 그은 접선이 이 곡선과 만나는 점 중 접점이 아닌 점의 좌표가 (a, b)일 때, $a-b$의 값은?

① -2 ② -1 ③ 0 ④ 1 ⑤ 2

유형 **04** 공통인 접선 〈중요〉

두 곡선 $f(x)=x^2+ax+b$, $g(x)=-x^3+c$가 점 $(1, 2)$에서 공통인 접선을 가질 때, $f(2)+g(2)$의 값은? (단, a, b, c는 상수이다.)

① -7 ② -5 ③ -3 ④ -1 ⑤ 1

해결 포인트

두 곡선 $y=f(x)$, $y=g(x)$가 점 $(1, 2)$에서 공통인 접선을 가질 때, $f(1)=g(1)=2$이고, $f'(1)=g'(1)$이다.

04-1 두 곡선 $y=x^3+ax$, $y=bx^3+c$가 점 $(1, 4)$에서 공통인 접선을 가질 때, 상수 a, b, c에 대하여 $a+b-c$의 값은?

① 1 ② 3 ③ 5 ④ 7 ⑤ 9

04-2 두 곡선 $y=x^3+2x^2$, $y=-x^2+4$가 $x=t$인 점에서 공통인 접선을 가질 때, 이 접선의 방정식은?

① $y=2x-4$ ② $y=2x+4$ ③ $y=4x-8$
④ $y=4x+8$ ⑤ $y=8x-6$

해결 포인트

두 곡선이 $x=t$인 점에서 공통인 접선을 가지므로 $f(t)=g(t)$이고, $f'(t)=g'(t)$이다.

유형 05 롤의 정리

함수 $f(x)=x^3-6x$에 대하여 닫힌구간 $[0, \sqrt{6}]$에서 롤의 정리를 만족시키는 상수 c의 값은?

① $\dfrac{\sqrt{2}}{2}$ ② $\dfrac{\sqrt{3}}{2}$ ③ $\sqrt{2}$ ④ $\sqrt{3}$ ⑤ $\sqrt{6}$

해결 포인트

함수 $f(x)=x^3-6x$는 닫힌구간 $[0, \sqrt{6}]$에서 연속이고 열린구간 $(0, \sqrt{6})$에서 미분가능하며 $f(0)=f(\sqrt{6})$이므로 $f'(c)=0$을 만족시키는 상수 c가 열린구간 $(0, \sqrt{6})$에 적어도 하나 존재한다.

05-1 함수 $f(x)=3x^4-6x^2+2$에 대하여 닫힌구간 $[-2, 2]$에서 롤의 정리를 만족시키는 상수 c의 개수는?

① 0   ② 1   ③ 2   ④ 3   ⑤ 4

유형 06 평균값 정리 (중요)

함수 $f(x)=x^3+3x^2$에 대하여 닫힌구간 $[-2, 0]$에서 평균값 정리를 만족시키는 모든 상수 c의 값의 합은?

① -4 ② $-\dfrac{7}{2}$ ③ -3 ④ $-\dfrac{5}{2}$ ⑤ -2

해결 포인트

함수 $f(x)=x^3+3x^2$은 닫힌구간 $[-2, 0]$에서 연속이고 열린구간 $(-2, 0)$에서 미분가능하므로
$$\dfrac{f(0)-f(-2)}{0-(-2)}=f'(c)$$
를 만족시키는 상수 c가 열린구간 $(-2, 0)$에 적어도 하나 존재한다.

06-1 함수 $f(x)=2x^3-9x^2+12x$에 대하여 닫힌구간 $[0, 3]$에서 평균값 정리를 만족시키는 모든 상수 c의 값의 곱은?

① $-\dfrac{3}{2}$ ② $-\dfrac{1}{2}$ ③ 1 ④ $\dfrac{1}{2}$ ⑤ $\dfrac{3}{2}$

06-2 닫힌구간 $[a, b]$에서 연속이고 열린구간 (a, b)에서 미분가능한 함수 $y=f(x)$의 그래프가 오른쪽 그림과 같을 때,
$$\dfrac{f(b)-f(a)}{b-a}=f'(c)$$
를 만족시키는 상수 c의 개수를 구하시오. (단, $a<c<b$)

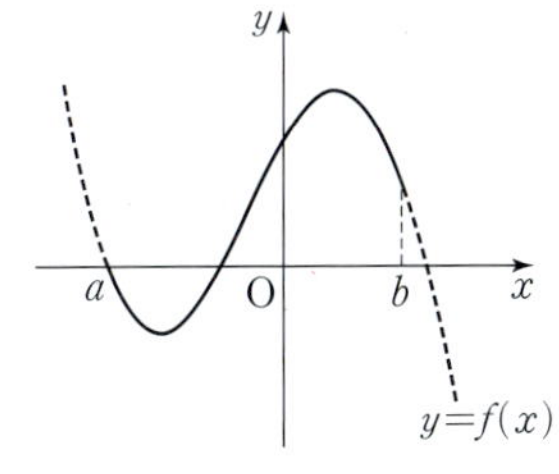

01

곡선 $y=-x^3+4x$ 위의 점 $(1, 3)$에서의 접선이 x축, y축과 만나는 점을 각각 A, B라 할 때, 삼각형 OAB의 넓이는?

(단, O는 원점이다.)

① 1 ② $\dfrac{3}{2}$ ③ 2

④ $\dfrac{5}{2}$ ⑤ 3

02

곡선 $y=x^3-x+k$가 직선 $y=2x-3$과 접할 때, 모든 상수 k의 값의 합은?

① -6 ② -5 ③ -4

④ -3 ⑤ -2

03

곡선 $y=x^3-3x^2+4x+1$에 접하는 직선 중 x축의 양의 방향과 $45°$의 각을 이루는 접선의 y절편은?

① -2 ② -1 ③ 1

④ 2 ⑤ 3

04

곡선 $y=\dfrac{1}{3}x^3-\dfrac{3}{2}x^2+\dfrac{1}{2}x+1$에 접하고 직선 $y=-2x$에 수직인 직선이 2개일 때, 이 두 직선 사이의 거리는?

① $\dfrac{6\sqrt{5}}{5}$ ② $\dfrac{7\sqrt{5}}{5}$ ③ $\dfrac{8\sqrt{5}}{5}$

④ $\dfrac{9\sqrt{5}}{5}$ ⑤ $2\sqrt{5}$

05

곡선 $y=x^3+ax^2+(a-2)x$는 실수 a의 값에 관계없이 항상 두 점 A, B를 지난다. 두 점 A, B에서의 접선이 서로 수직이 되도록 하는 모든 a의 값의 곱을 구하시오.

06 중요

점 $(1, -2)$에서 곡선 $y=x^2-2x$에 그은 두 개의 접선의 기울기를 각각 m_1, m_2라 할 때, m_2-m_1의 값은? (단, $m_1<m_2$)

① 1 ② 2 ③ 3

④ 4 ⑤ 5

07

두 곡선 $y=x^3+ax$, $y=x^2+b$가 $x=1$인 점에서 공통인 접선을 가질 때, 상수 a, b에 대하여 $a+b$의 값은?

① -2 ② -1 ③ 0

④ 1 ⑤ 2

08

두 곡선 $y=x^3-1$, $y=-x^2+kx$가 한 점에서 접할 때, 상수 k의 값은?

① -2 ② -1 ③ 1

④ 2 ⑤ 3

09

두 곡선 $y=2x^3$, $y=6x^2-8$이 $x=t$인 점에서 공통인 접선을 가질 때, 이 접선의 방정식은?

① $y=8x-16$ ② $y=8x+16$ ③ $y=16x-24$

④ $y=24x-32$ ⑤ $y=24x+32$

10

두 곡선 $y=x^3+ax$, $y=x^2+bx+c$가 점 $(1,2)$에서 공통인 접선을 가질 때, 상수 a, b, c에 대하여 $a+b-c$의 값은?

① -4 ② -2 ③ 0

④ 2 ⑤ 4

11

닫힌구간 $[0,3]$에서 롤의 정리가 성립하는 함수만을 〈보기〉에서 있는 대로 고른 것은?

┌ **보기** ┐
ㄱ. $f(x)=2\left|x-\dfrac{3}{2}\right|$ ㄴ. $f(x)=x^3-3x^2+6$

ㄷ. $f(x)=2$ ㄹ. $f(x)=\dfrac{|x+3|}{x+3}$

① ㄱ, ㄴ ② ㄴ, ㄷ ③ ㄴ, ㄹ

④ ㄱ, ㄴ, ㄷ ⑤ ㄴ, ㄷ, ㄹ

12 중요

모든 실수 x에 대하여 미분가능한 함수 $f(x)$가 $\lim\limits_{x\to\infty} f'(x)=3$일 때, $\lim\limits_{x\to 0+}\left\{f\left(\dfrac{1+2x}{x}\right)-f\left(\dfrac{1-2x}{x}\right)\right\}$의 값을 구하시오.

13

닫힌구간 $[a,b]$에서 연속이고, 열린구간 (a,b)에서 미분가능한 함수 $y=f(x)$의 그래프가 다음 그림과 같을 때,

$$\frac{f(b)-f(a)}{b-a}=f'(c)\ (a<c<b)$$

를 만족시키는 c의 개수는?

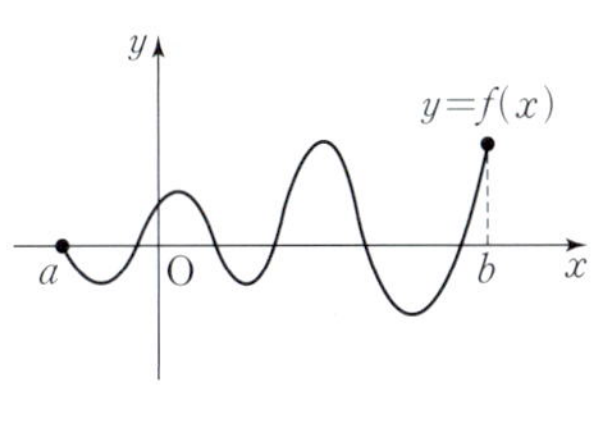

① 1 ② 2 ③ 3

④ 4 ⑤ 5

14

다항함수 $f(x)$에 대하여 $\lim\limits_{x\to 1}\dfrac{f(x)-2}{x-1}=3$이다. 함수 $g(x)=x^2f(x)$에 대하여 곡선 $y=g(x)$ 위의 점 $(1,g(1))$에서의 접선의 기울기를 구하시오.

15 | 교육청 기출 |

함수 $f(x)=x^3-ax$에 대하여 점 $(0,16)$에서 곡선 $y=f(x)$에 그은 접선의 기울기가 8일 때, $f(a)$의 값을 구하시오. (단, a는 상수이다.)

16 | 2017 수능 나형 26번 |

곡선 $y=x^3-ax+b$ 위의 점 $(1,1)$에서의 접선과 수직인 직선의 기울기가 $-\dfrac{1}{2}$이다. 두 상수 a, b에 대하여 $a+b$의 값을 구하시오.

03 도함수의 활용 (2)

❶ 함수의 증가와 감소

(1) 함수 $f(x)$가 어떤 구간에 속하는 임의의 두 실수 x_1, x_2에 대하여

① $x_1 < x_2$일 때, $f(x_1) < f(x_2)$이면 함수 $f(x)$는 이 구간에서 증가한다고 한다.

② $x_1 < x_2$일 때, $f(x_1) > f(x_2)$이면 함수 $f(x)$는 이 구간에서 감소한다고 한다.

(2) 함수 $f(x)$가 어떤 열린구간에서 미분가능하고, 이 구간에 속하는 모든 x에 대하여

① $f'(x) > 0$이면 함수 $f(x)$는 이 구간에서 증가한다.

② $f'(x) < 0$이면 함수 $f(x)$는 이 구간에서 감소한다.

- (2)의 역은 성립하지 않는다.
  예 함수 $f(x) = x^3$은 구간 $(-\infty, \infty)$에서 증가하지만 $f'(x) = 3x^2$에서 $f'(0) = 0$이다.

- 함수 $f(x)$가 어떤 구간에서 미분가능하고 그 구간에서
  ① $f(x)$가 증가하면 그 구간에서 $f'(x) \geq 0$이다.
  ② $f(x)$가 감소하면 그 구간에서 $f'(x) \leq 0$이다.

❷ 함수의 극대와 극소

(1) 함수의 극대와 극소

함수 $f(x)$에서 $x=a$를 포함하는 어떤 열린구간에 속하는 모든 x에 대하여

① $f(x) \leq f(a)$일 때, 함수 $f(x)$는 $x=a$에서 극대라 하고, $f(a)$를 극댓값이라 한다.

② $f(x) \geq f(a)$일 때, 함수 $f(x)$는 $x=a$에서 극소라 하고, $f(a)$를 극솟값이라 한다.

이때, 극댓값과 극솟값을 통틀어 극값이라 한다.

(2) 극값의 판정

함수 $f(x)$가 $x=a$에서 미분가능하고 $x=a$에서 극값을 가지면 $f'(a) = 0$이다.

(3) 극대와 극소 판정

미분가능한 함수 $f(x)$에 대하여 $f'(a) = 0$이고 $x=a$의 좌우에서 $f'(x)$의 부호가

① 양$(+)$에서 음$(-)$으로 바뀌면 $f(x)$는 $x=a$에서 극대이고, 극댓값은 $f(a)$이다.

② 음$(-)$에서 양$(+)$으로 바뀌면 $f(x)$는 $x=a$에서 극소이고, 극솟값은 $f(a)$이다.

- (2)의 역은 성립하지 않는다.
  예 함수 $f(x) = x^3$은 $f'(0) = 0$이지만 $f(x)$는 $x=0$에서 극값을 갖지 않는다.

- $f'(a) = 0$이라도 $x=a$의 좌우에서 $f'(x)$의 부호가 바뀌지 않으면 $f(a)$는 극값이 아니다.

❸ 함수의 최대와 최소

(1) 함수의 그래프

미분가능한 함수 $y=f(x)$의 그래프의 개형은 다음과 같은 순서로 그린다.

❶ $f'(x) = 0$인 x의 값 찾기

❷ $f'(x)$의 부호를 조사하여 $f(x)$의 증가, 감소를 표로 나타내고 극값 구하기

❸ x축 또는 y축과의 교점을 구하고 그래프의 개형 그리기

(2) 함수의 최대와 최소

닫힌구간 $[a, b]$에서 연속인 함수 $f(x)$의 최댓값과 최솟값은 다음과 같은 순서로 구한다.

❶ 주어진 구간에서 $y=f(x)$의 극댓값과 극솟값을 구한다.

❷ 구간의 양 끝값에서의 함숫값 $f(a)$, $f(b)$를 구한다.

❸ ❶, ❷에서 구한 극댓값, 극솟값, $f(a)$, $f(b)$ 중에서 가장 큰 값이 최댓값이고, 가장 작은 값이 최솟값이다.

- 함수의 그래프의 개형은 함수의 정의역과 치역, 증가와 감소, 극대와 극소 등을 이용하여 그릴 수 있다.

- 함수 $f(x)$가 주어진 구간에서 연속이고, 그 구간에서 극값이 하나만 존재할 때
  ① 극값이 극솟값이면
     (극솟값) = (최솟값)
  ② 극값이 극댓값이면
     (극댓값) = (최댓값)

정답과 풀이 23쪽

유형 **01** 함수의 증가와 감소

함수 $f(x)=x^3-3x^2-9x+2$는 닫힌구간 $[-1,\,a]$에서 감소한다고 한다. a의 최댓값은?

① 0   ② 1   ③ 2   ④ 3   ⑤ 4

해결 포인트
$f'(x)\leq0$이 되는 x의 값의 범위를 구한다.

01-1 함수 $f(x)=x^3+\dfrac{3}{2}x^2-6x+1$이 감소하는 x의 값의 범위가 $a\leq x\leq b$이다. a^2+b^2의 값은?

① 4   ② 5   ③ 8   ④ 9   ⑤ 13

유형 **02** 삼차함수 $f(x)$가 증가(감소)하기 위한 조건 

함수 $f(x)=\dfrac{1}{3}x^3-ax^2+(2a-1)x-5$가 실수 전체의 집합에서 증가하도록 하는 정수 a의 값은?

① -2 ② -1 ③ 0   ④ 1   ⑤ 2

해결 포인트
함수 $f(x)$가 실수 전체의 집합에서 증가하려면 모든 실수 x에 대하여 $f'(x)\geq0$이어야 한다.

02-1 함수 $f(x)=x^3+2x^2+ax-1$이 $x_1<x_2$인 임의의 실수 x_1, x_2에 대하여 $f(x_1)<f(x_2)$가 성립하도록 하는 정수 a의 최솟값은?

① 1   ② 2   ③ 3   ④ 4   ⑤ 5

해결 포인트
$x_1<x_2$인 임의의 실수 x_1, x_2에 대하여 $f(x_1)<f(x_2)$이면 함수 $f(x)$는 증가함수이다.

02-2 함수 $f(x)=2x^3+ax^2+bx+1$이 $x\leq1$ 또는 $x\geq2$에서 증가하고, $1\leq x\leq2$에서 감소할 때, 상수 a, b에 대하여 $2a+b$의 값은?

① -6 ② -5 ③ -4 ④ -3 ⑤ -2

유형 03 함수의 극대와 극소

함수 $f(x)=x^3-6x^2+9x-3$의 극댓값을 M, 극솟값을 m이라 할 때, $M+m$의 값은?

① -4 ② -2 ③ 0 ④ 2 ⑤ 4

> **해결 포인트**
>
> $f'(x)=0$을 만족시키는 x의 값 a를 구한 후, $x=a$의 좌우에서 $f'(x)$의 부호를 조사하여 함수 $f(x)$의 증가, 감소를 표로 나타낸다.

03-1 다항함수 $y=f(x)$의 도함수 $y=f'(x)$의 그래프가 오른쪽 그림과 같을 때, 옳은 것만을 〈보기〉에서 있는 대로 고른 것은?

┤ 보기 ├
ㄱ. $x=0$에서 극솟값을 갖는다.
ㄴ. $x=4$에서 극댓값을 갖는다.
ㄷ. 극값을 갖는 점은 3개이다.

① ㄱ ② ㄷ ③ ㄱ, ㄴ ④ ㄴ, ㄷ ⑤ ㄱ, ㄴ, ㄷ

> **해결 포인트**
>
> 함수의 극값은 $f'(x)=0$인 x의 값에서 갖는다. 이때, x의 값의 좌우에서 $f'(x)$의 부호의 변화가 있어야 한다.

유형 04 삼차함수가 극값을 가질 조건 ⬤중요

함수 $f(x)=x^3-ax^2+2ax-5$가 극값을 갖도록 하는 양의 정수 a의 최솟값은?

① 5 ② 6 ③ 7 ④ 8 ⑤ 9

> **해결 포인트**
>
> 삼차함수 $f(x)$가 극값을 가지려면 이차방정식 $f'(x)=0$이 서로 다른 두 실근을 가져야 한다.

04-1 함수 $f(x)=2x^3-2ax^2+(a^2-2a)x+7$이 극값을 갖도록 하는 정수 a의 개수는?

① 4 ② 5 ③ 6 ④ 7 ⑤ 8

04-2 함수 $f(x)=\dfrac{1}{3}x^3+(a+2)x^2-ax+3$이 극값을 갖지 않도록 하는 정수 a의 개수는?

① 2 ② 3 ③ 4 ④ 5 ⑤ 6

> **해결 포인트**
>
> 삼차함수 $f(x)$가 극값을 갖지 않으려면 이차방정식 $f'(x)=0$이 중근 또는 허근을 가져야 한다.

유형 05 함수의 최대와 최소

닫힌구간 $[-2, 3]$에서 함수 $f(x)=x^4-8x^2+5$의 최댓값을 M, 최솟값을 m이라 할 때, $M+m$의 값은?

① 1 ② 2 ③ 3 ④ 4 ⑤ 5

구간에서 극값을 구하고, 구간의 양 끝값에서의 함수값과 극값을 비교하여 최댓값과 최솟값을 구한다.

05-1 닫힌구간 $[0, 3]$에서 함수 $f(x)=2x^3-3x^2-12x+k$의 최솟값이 -8이고 최댓값이 M일 때, M의 값은? (단, k는 상수이다.)

① 11 ② 12 ③ 13 ④ 14 ⑤ 15

유형 06 도형에서의 최대와 최소

오른쪽 그림과 같이 곡선 $y=-x^2+6x$와 x축으로 둘러싸인 도형에 내접하고 한 변이 x축 위에 있는 직사각형 PQRS의 넓이가 최대일 때, 점 P의 x좌표는 $p-\sqrt{q}$이다. 자연수 p, q의 합 $p+q$의 값을 구하시오.

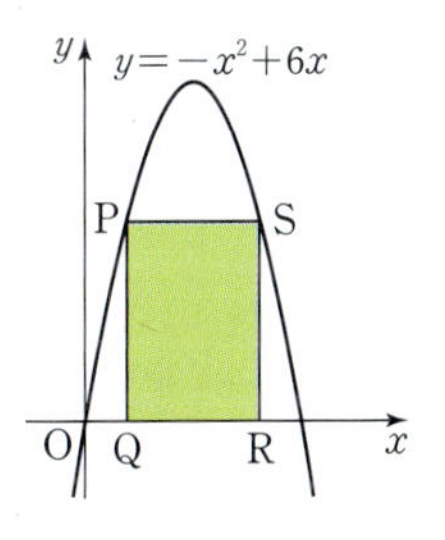

점 P의 좌표를 $(a, -a^2+6a)$로 놓고 직사각형 PQRS의 넓이를 함수 $S(a)$로 나타낸다.

06-1 오른쪽 그림과 같이 포물선 $y=4-x^2$이 x축과 만나는 두 점 A, B와 포물선 위의 두 점 C, D를 꼭짓점으로 하는 사다리꼴 ABCD가 있다. 사다리꼴 ABCD의 넓이가 최대일 때, 점 C의 x좌표는? (단, 두 점 C와 D의 y좌표는 양수이다.)

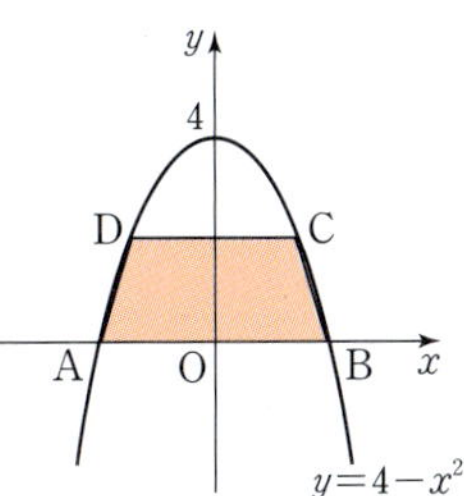

① $\dfrac{1}{2}$ ② $\dfrac{2}{3}$ ③ $\dfrac{3}{4}$

④ 1 ⑤ $\dfrac{5}{4}$

점 C의 좌표를 $(a, 4-a^2)$으로 놓고 사다리꼴 ABCD의 넓이를 함수 $S(a)$로 나타낸다.

01

함수 $f(x)=-\dfrac{1}{3}x^3-ax^2-(a^2-2a+5)x+3$이 실수 전체의 집합에서 감소하도록 하는 정수 a의 최댓값은?

① 1   ② 2   ③ 3
④ 4   ⑤ 5

02

함수 $f(x)=x^3-ax^2+ax+5$가 임의의 실수 x_1, x_2에 대하여 $x_1\neq x_2$일 때, $f(x_1)\neq f(x_2)$를 만족시키는 모든 정수 a의 값의 합은?

① 4   ② 5   ③ 6
④ 7   ⑤ 8

03 중요

함수 $f(x)=x^3-kx^2+3$이 닫힌구간 $[1, 2]$에서 감소하고, 구간 $[3, \infty)$에서 증가하도록 하는 실수 k의 값의 범위는 $\alpha\leq k\leq\beta$이다. $\alpha+\beta$의 값은?

① 6   ② $\dfrac{13}{2}$ ③ 7
④ $\dfrac{15}{2}$ ⑤ 8

04

실수 전체의 집합에서 정의된 함수 $f(x)=x^3-3x^2+ax+7$의 역함수가 존재하도록 하는 실수 a의 최솟값은?

① 1   ② 2   ③ 3
④ 4   ⑤ 5

05

닫힌구간 $[a, b]$에서 함수 $y=f(x)$의 도함수 $y=f'(x)$의 그래프가 다음 그림과 같다. 함수 $y=f(x)$가 극솟값을 갖는 x의 개수를 m, 극댓값을 갖는 x의 개수를 n이라 할 때, $2m+n$의 값은?

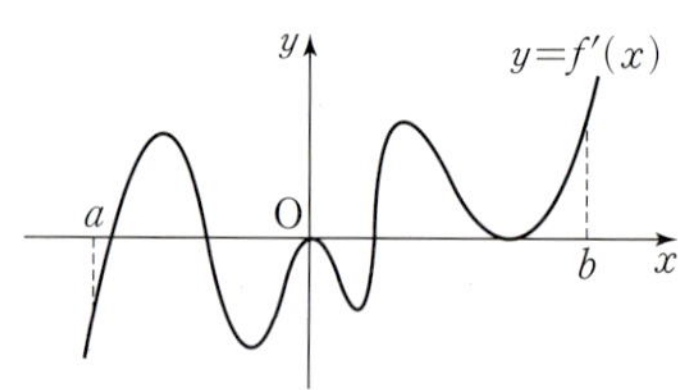

① 2   ② 3   ③ 4
④ 5   ⑤ 6

06 중요

함수 $f(x)=-x^3+4x^2-5x+6$에 대하여 옳은 것만을 〈보기〉에서 있는 대로 고른 것은?

┌ 보기 ├
ㄱ. $f(x)$는 닫힌구간 $\left[1, \dfrac{5}{3}\right]$에서 증가한다.
ㄴ. $f(x)$는 $x=1$에서 극솟값을 갖는다.
ㄷ. $f(x)$는 $x=\dfrac{5}{3}$에서 극댓값을 갖는다.

① ㄱ   ② ㄴ   ③ ㄱ, ㄷ
④ ㄴ, ㄷ   ⑤ ㄱ, ㄴ, ㄷ

07

함수 $f(x)=-2x^3+ax^2+bx+1$이 $x=-1$에서 극솟값 -3을 가질 때, 함수 $f(x)$의 극댓값은? (단, a, b는 상수이다.)

① 3   ② 4   ③ 5
④ 6   ⑤ 7

08

함수 $f(x)=x^3+ax^2+3ax-4$가 극값을 갖지 않도록 하는 정수 a의 개수는?

① 7　　　　② 8　　　　③ 9
④ 10　　　⑤ 11

09

함수 $f(x)=x^3-ax^2+2ax+3$이 $x>1$에서 극댓값과 극솟값을 모두 갖도록 하는 실수 a의 값의 범위는?

① $a<0$ 또는 $a>3$　　　② $a>3$
③ $a<0$ 또는 $a>6$　　　④ $a>6$
⑤ $0<a<6$

10 중요

닫힌구간 $[-4, 2]$에서 함수 $f(x)=x^3+3x^2-9x+k$의 최댓값과 최솟값의 합이 6일 때, 상수 k의 값은?

① -8　　　② -7　　　③ -6
④ -5　　　⑤ -4

11

닫힌구간 $[-1, 2]$에서 함수 $f(x)=-x^3+3x+2$에 대하여 합성함수 $(f \circ f)(x)$의 최솟값은?

① -60　　　② -55　　　③ -50
④ -45　　　⑤ -40

12

곡선 $y=x^2$ 위의 점 중 점 P$(9, 8)$에서의 거리가 최소인 점을 Q(a, b)라 할 때, $10a+b$의 값을 구하시오.

13

오른쪽 그림과 같이 삼차함수 $y=x^2(3-x)$의 그래프가 x축과 만나는 점을 A라 하고, 직선 $y=mx$ $(m>0)$과 제1사분면에서 만나는 서로 다른 두 점을 각각 P, Q라고 하자. 이때, 세

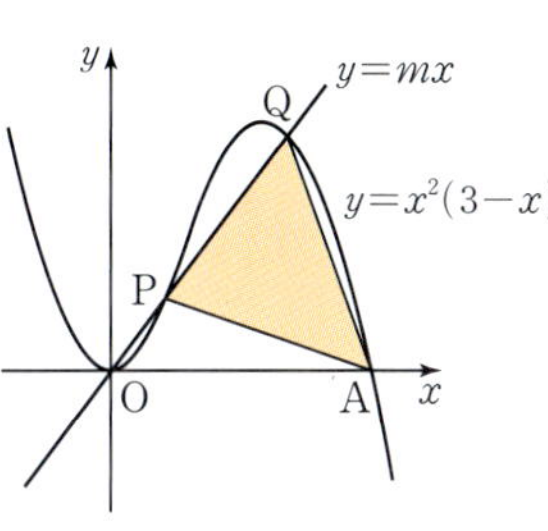

점 A, P, Q를 꼭짓점으로 하는 삼각형 APQ의 넓이가 최대가 되도록 하는 상수 m에 대하여 $10m$의 값을 구하시오.

14

| 2010 수능 나형 0번 |

함수 $f(x)=x^3-3x+a$의 극댓값이 7일 때, 상수 a의 값은?

① 1　　　　② 2　　　　③ 3
④ 4　　　　⑤ 5

15

| 2017 수능 나형 28번 |

양수 a에 대하여 함수 $f(x)=x^3+ax^2-a^2x+2$가 닫힌구간 $[-a, a]$에서 최댓값 M, 최솟값 $\dfrac{14}{27}$를 갖는다. $a+M$의 값을 구하시오.

04 도함수의 활용 (3)

개념 Plus

❶ 방정식에의 활용

(1) 방정식의 실근의 개수

　① 방정식 $f(x)=0$의 실근의 개수는 함수 $y=f(x)$의 그래프와 x축의 교점의 개수와 같다.

　② 방정식 $f(x)=k$의 실근의 개수는 함수 $y=f(x)$의 그래프와 직선 $y=k$의 교점의 개수와 같다.

　③ 방정식 $f(x)=g(x)$의 실근의 개수는 두 함수 $y=f(x)$와 $y=g(x)$의 그래프의 교점의 개수와 같다.

(2) 삼차방정식의 근의 판별

　삼차함수 $f(x)=ax^3+bx^2+cx+d\ (a>0)$에 대하여 $f'(x)=0$이 서로 다른 두 실근을 가질 때 삼차방정식 $f(x)=0$의 실근의 개수는 다음과 같다.

　① (극댓값)×(극솟값)<0 ⟺ 서로 다른 세 실근

　② (극댓값)×(극솟값)=0 ⟺ 중근과 다른 한 실근

　③ (극댓값)×(극솟값)>0 ⟺ 한 실근과 두 허근

> • 방정식 $f(x)=0$의 실근은 함수 $y=f(x)$의 그래프와 x축의 교점의 x좌표와 같다.
>
> • 방정식 $f(x)=g(x)$의 실근은 두 함수 $y=f(x)$와 $y=g(x)$의 그래프의 교점의 x좌표와 같다.

❷ 부등식에의 활용

① 어떤 구간에서 부등식 $f(x)>0$이 성립함을 보이려면

　➡ 함수 $y=f(x)$의 도함수 $y=f'(x)$를 이용하여 그 구간에서 $f(x)$의 최솟값을 구한 후, $(f(x)$의 최솟값$)>0$임을 보인다.

　참고 $x>a$에서 $f(x)$가 증가하는 함수일 때, $x>a$에서 부등식 $f(x)>0$이 성립함을 보이려면 $f(a)\geq0$임을 보이면 충분하다.

② 어떤 구간에서 부등식 $f(x)>g(x)$가 성립함을 보이려면

　➡ $h(x)=f(x)-g(x)$로 놓고, 그 구간에서 $(h(x)$의 최솟값$)>0$임을 보인다.

③ 모든 실수 x에 대하여 부등식 $f(x)>0$이 성립할 조건은 $(f(x)$의 최솟값$)>0$이다.

> • 모든 실수 x에 대하여 $f(x)\geq0$이 성립할 조건은 $(f(x)$의 최솟값$)\geq0$이다.

❸ 속도와 가속도

(1) 속도와 가속도

　수직선 위를 움직이는 점 P의 시각 t에서의 위치 x가 $x=f(t)$일 때

　① 시각 t에서의 점 P의 속도 : $v=\dfrac{dx}{dt}=f'(t)$

　② 시각 t에서의 점 P의 가속도 : $a=\dfrac{dv}{dt}=v'(t)$

　③ 시각 t에서의 점 P의 속력 : $|v|=|f'(t)|$

(2) 시각에 대한 길이, 넓이, 부피의 변화율

　어떤 물체의 시각 t에서의 길이가 l, 넓이가 S, 부피가 V일 때

　① 시각 t에서의 길이의 변화율 : $\displaystyle\lim_{\Delta t\to0}\dfrac{\Delta l}{\Delta t}=\dfrac{dl}{dt}$

　② 시각 t에서의 넓이의 변화율 : $\displaystyle\lim_{\Delta t\to0}\dfrac{\Delta S}{\Delta t}=\dfrac{dS}{dt}$

　③ 시각 t에서의 부피의 변화율 : $\displaystyle\lim_{\Delta t\to0}\dfrac{\Delta V}{\Delta t}=\dfrac{dV}{dt}$

> • 시각 t에서의 점 P의 속도는 함수 $f(t)$의 순간변화율, 즉 미분계수 $f'(t)$이다.
>
> • 수직선 위를 움직이는 점 P의 시각 t에서의 위치 $x=f(t)$와 속도 $v=f'(t)$에 대하여
> ① $f'(t)>0$일 때, 점 P는 양의 방향으로 움직인다.
> ② $f'(t)<0$일 때, 점 P는 음의 방향으로 움직인다.

유형 01 방정식에의 활용

x에 대한 방정식 $2x^3-3x^2+k=0$이 서로 다른 세 실근을 갖도록 하는 실수 k의 값의 범위가 $\alpha<k<\beta$일 때, $\alpha+\beta$의 값은?

① -2 ② -1 ③ 0 ④ 1 ⑤ 2

해결 포인트

x에 대한 방정식 $f(x)=k$의 실근의 개수는 두 함수 $y=f(x)$와 $y=k$의 그래프의 교점의 개수와 같다.

01-1 x에 대한 방정식 $x^3-3x^2+a=0$이 서로 다른 세 실근을 갖도록 하는 모든 정수 a의 값의 합은?

① 2 ② 3 ③ 4 ④ 5 ⑤ 6

01-2 x에 대한 방정식 $-2x^3+3x^2+12x-a=0$이 서로 다른 두 개의 양근과 한 개의 음근을 갖도록 하는 정수 a의 최댓값은?

① 17 ② 18 ③ 19 ④ 20 ⑤ 21

해결 포인트

함수 $y=-2x^3+3x^2+12x$의 그래프와 직선 $y=a$가 y축의 왼쪽에서 1개, 오른쪽에서 2개의 교점을 갖는다.

유형 02 부등식에의 활용 중요

$x \geq 0$일 때, 부등식 $x^3 \geq 3x+a$가 항상 성립하도록 하는 실수 a의 최댓값은?

① -4 ② -2 ③ 0 ④ 2 ⑤ 4

해결 포인트

$x \geq 0$일 때, 부등식 $x^3-3x-a \geq 0$이 항상 성립하려면 함수 $f(x)=x^3-3x-a$의 최솟값이 0보다 크거나 같아야 한다.

02-1 $x>0$일 때, 부등식 $4x^3-3x^2-6x-a>0$이 항상 성립하도록 하는 정수 a의 최댓값은?

① -8 ② -7 ③ -6 ④ -5 ⑤ -4

02-2 모든 실수 x에 대하여 부등식 $x^4-4x^3+a \geq 0$이 항상 성립하도록 하는 실수 a의 최솟값은?

① 18 ② 21 ③ 24 ④ 27 ⑤ 30

유형 03 속도와 가속도 (중요)

수직선 위를 움직이는 두 점 P, Q의 시각 t에서의 위치는 각각 $P(t)=\dfrac{1}{3}t^3-2t$, $Q(t)=t^2+t$ 이다. 두 점 P, Q의 속도가 같아지는 순간 두 점 P, Q 사이의 거리는?

① 5　　② 6　　③ 7　　④ 8　　⑤ 9

03-1 오른쪽 그림은 원점을 출발하여 수직선 위를 움직이는 점 P의 시각 $t(0 \le t \le 6)$에서의 속도 $v(t)$의 그래프이다. 옳은 것만을 〈보기〉에서 있는 대로 고른 것은?

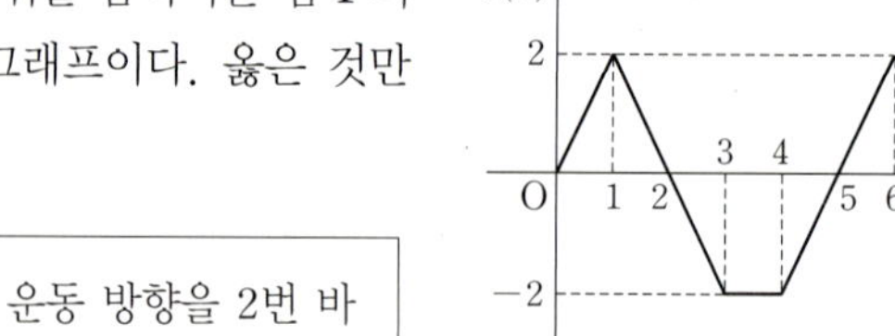

┌ 보기 ┐

ㄱ. 점 P는 수직선 위를 움직이는 동안 운동 방향을 2번 바꾼다.

ㄴ. $0 \le t \le 6$에서 점 P의 속력의 최댓값은 2이다.

ㄷ. $1 < t < 3$에서 점 P의 가속도는 일정하다.

① ㄱ　　② ㄴ　　③ ㄱ, ㄴ　　④ ㄱ, ㄷ　　⑤ ㄱ, ㄴ, ㄷ

유형 04 시각에 대한 변화율

가로와 세로의 길이가 각각 10 cm, 5 cm인 직사각형이 있다. 이 직사각형의 가로와 세로의 길이가 각각 매초 1 cm, 2 cm씩 길어질 때, 이 직사각형이 정사각형이 되는 순간의 직사각형의 넓이의 변화율은?

① 35 cm^2/s　② 38 cm^2/s　③ 40 cm^2/s　④ 43 cm^2/s　⑤ 45 cm^2/s

04-1 오른쪽 그림과 같이 윗면의 반지름의 길이가 20 cm, 깊이가 40 cm인 원뿔 모양의 그릇이 있다. 이 그릇에 매초 3 cm의 비율로 수면의 높이가 올라가도록 물을 넣을 때, 수면의 높이가 30 cm가 되는 순간의 물의 부피의 변화율은?

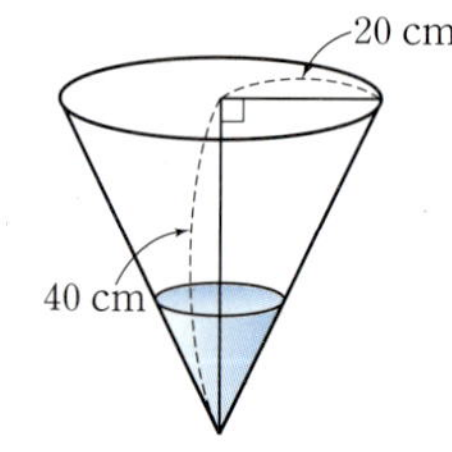

① 600π cm^3/s　② 625π cm^3/s　③ 650π cm^3/s

④ 675π cm^3/s　⑤ 700π cm^3/s

빈출 유형 마무리

01

x에 대한 방정식 $-2x^3+6x-k=0$이 서로 다른 세 실근을 갖도록 하는 정수 k의 최댓값은?

① 1　　　　② 2　　　　③ 3
④ 4　　　　⑤ 5

02

x에 대한 방정식 $x^3-6x^2+9x-3=k$가 서로 다른 두 실근을 갖도록 하는 모든 실수 k의 값의 합은?

① -4　　　　② -2　　　　③ 0
④ 2　　　　⑤ 4

03 중요

x에 대한 방정식 $2x^3-3x^2+a=0$의 근에 대한 설명 중 옳은 것만을 〈보기〉에서 있는 대로 고른 것은?

┤ 보기 ├
ㄱ. $a=\dfrac{1}{2}$이면 서로 다른 세 개의 실근을 갖는다.
ㄴ. $a=1$이면 서로 다른 두 개의 실근을 갖는다.
ㄷ. $a=\sqrt{2}$이면 한 개의 실근을 갖는다.

① ㄱ　　　　② ㄴ　　　　③ ㄱ, ㄷ
④ ㄴ, ㄷ　　　　⑤ ㄱ, ㄴ, ㄷ

04

$x\geq0$일 때, 부등식 $2x^3-6ax^2+8\geq0$이 항상 성립하도록 하는 양수 a의 최댓값은?

① $\dfrac{1}{2}$　　　　② 1　　　　③ $\dfrac{3}{2}$
④ 2　　　　⑤ $\dfrac{5}{2}$

05

$x\geq-1$일 때, 부등식 $2x^3-\dfrac{3}{2}x^2-3x-a+\dfrac{3}{2}>0$이 항상 성립하도록 하는 실수 a의 값의 범위는?

① $a<-1$　　　　② $-1<a<\dfrac{1}{2}$
③ $-\dfrac{1}{2}<a<1$　　　　④ $a<0$
⑤ $a<0$ 또는 $a>1$

06

모든 실수 x에 대하여 부등식
$$-x^4-2kx^2+4(k+1)x-k^2\leq0$$
이 항상 성립하도록 하는 양수 k의 최솟값은?

① 3　　　　② 4　　　　③ 5
④ 6　　　　⑤ 7

07 중요

두 함수 $f(x)=2x^3-x^2+5$, $g(x)=x^2+2x+a$에 대하여 $x>0$일 때, $f(x)\geq g(x)$가 항상 성립하도록 하는 실수 a의 최댓값은?

① 0　　　　② 1　　　　③ 2
④ 3　　　　⑤ 4

08

수직선 위를 움직이는 두 점 P, Q의 시각 t에서의 위치는 각각
$$P(t)=t^3-3t^2-2t+3, \quad Q(t)=t^2+3t$$
이다. 점 P의 속도가 점 Q의 속도의 2배가 되는 순간의 두 점 P, Q의 가속도를 각각 α, β라 할 때, $\alpha+\beta$의 값을 구하시오.

빈출 유형 마무리

09

원점을 출발하여 수직선 위를 움직이는 점 P의 시각 t에서의 위치가 $x=\dfrac{1}{3}t^3-\dfrac{5}{2}t^2+4t$로 주어질 때, 옳은 것만을 〈보기〉에서 있는 대로 고른 것은?

┤ 보기 ├

ㄱ. $t=1$일 때, 점 P의 속도는 0이다.
ㄴ. $t=2$일 때, 점 P의 가속도는 -1이다.
ㄷ. 점 P는 출발 후 운동 방향을 한 번 바꾼다.

① ㄱ   ② ㄷ   ③ ㄱ, ㄴ
④ ㄴ, ㄷ   ⑤ ㄱ, ㄴ, ㄷ

10

키가 160 cm인 사람이 지상 4 m 높이의 가로등의 바로 밑에서 매분 120 m의 속도로 일직선으로 걸어갈 때, 이 사람의 그림자의 길이의 변화율은?

① 70 m/min   ② 75 m/min   ③ 80 m/min
④ 85 m/min   ⑤ 90 m/min

11

밑면이 한 변의 길이가 2 cm인 정사각형이고 높이가 10 cm인 정사각기둥이 있다. 이 정사각기둥의 밑면의 가로와 세로의 길이는 각각 매초 1 cm의 비율로 길어지고 높이는 매초 1 cm의 비율로 낮아질 때, 5초 후의 정사각기둥의 부피의 변화율은?

① 12 cm^3/s   ② 15 cm^3/s   ③ 18 cm^3/s
④ 21 cm^3/s   ⑤ 24 cm^3/s

12

오른쪽 그림과 같이 밑면의 반지름의 길이가 20 cm이고 높이가 20 cm인 원통 모양의 그릇의 한 가운데에 밑면의 반지름의 길이가 10 cm이고 높이가 20 cm인 속이 채워져 있는 원기둥 모양의 조형물이 바닥에 붙어 있다. 이 그릇에 시각 t일 때의 부피가 πt^3 cm^{3}가 되도록 물을 부었을 때, 물을 붓기 시작하여 5초 후 그릇의 수면의 높이의 변화율은 k cm/s이다. 상수 k의 값은?

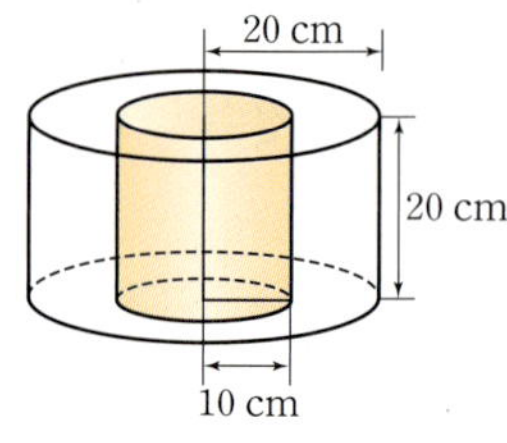

① 0.25   ② 0.3   ③ 0.5
④ 0.75   ⑤ 0.95

13

| 2019 9월 평가원 나형 15번 |

방정식 $x^3-3x^2-9x-k=0$의 서로 다른 실근의 개수가 3이 되도록 하는 정수 k의 최댓값은?

① 2   ② 4   ③ 6
④ 8   ⑤ 10

14

| 2018 6월 평가원 나형 17번 |

수직선 위를 움직이는 점 P의 시각 t $(t>0)$에서의 위치 x가
$$x=t^3-12t+k \ (k는 \ 상수)$$
이다. 점 P의 운동 방향이 원점에서 바뀔 때, k의 값은?

① 10   ② 12   ③ 14
④ 16   ⑤ 18

Ⅲ

적분

01_ 부정적분

02_ 정적분

03_ 정적분의 활용

01 부정적분

❶ 부정적분

함수 $F(x)$의 도함수가 $f(x)$일 때, 즉 $F'(x)=f(x)$일 때 $F(x)$를 함수 $f(x)$의 부정적분이라 하고, $f(x)$의 모든 부정적분을 기호로 $\displaystyle\int f(x)dx$와 같이 나타낸다.

즉, 함수 $f(x)$의 한 부정적분을 $F(x)$라 하면

$$\int f(x)dx=F(x)+C \ (단,\ C는\ 적분상수)$$

$$\cdot\ \overset{\text{적분한다.}}{\underset{\text{미분한다.}}{\int f(x)dx=F(x)+C}}$$

(단, C는 적분상수)

❷ 부정적분과 미분의 관계

① $\displaystyle\int\left\{\frac{d}{dx}f(x)\right\}dx=f(x)+C$ (단, C는 적분상수)

② $\displaystyle\frac{d}{dx}\left\{\int f(x)\,dx\right\}=f(x)$

$\cdot\ \dfrac{d}{dx}\left\{\displaystyle\int f(x)\,dx\right\}$

$\neq\displaystyle\int\left\{\dfrac{d}{dx}f(x)\right\}dx$

이다. 즉, 함수 $f(x)$를 적분한 후 미분하면 $f(x)$가 되지만 미분한 후 적분하면 $f(x)+C$ (C는 적분상수)가 되어 미분과 적분의 계산 순서에 따라 적분상수 C만큼의 차이가 생긴다.

❸ 함수 $y=x^n$의 부정적분

n이 음이 아닌 정수일 때

$$\int x^n dx=\frac{1}{n+1}x^{n+1}+C \ (단,\ C는\ 적분상수)$$

$\cdot\ \displaystyle\int 1\,dx=x+C$

$\displaystyle\int 0\,dx=C$

(단, C는 적분상수)

❹ 부정적분의 성질

두 함수 $f(x)$, $g(x)$의 부정적분이 존재할 때

① $\displaystyle\int kf(x)dx=k\int f(x)dx$ (단, k는 0이 아닌 실수)

② $\displaystyle\int\{f(x)+g(x)\}dx=\int f(x)dx+\int g(x)dx$

③ $\displaystyle\int\{f(x)-g(x)\}dx=\int f(x)dx-\int g(x)dx$

$\cdot$ 부정적분의 성질은 세 개 이상의 함수에 대해서도 성립한다.

유형 **01** 부정적분의 정의

$\int x(x-1)f(x)dx=x^4-2x^2+C$를 만족시키는 함수 $f(x)$에 대하여 $f(2)$의 값을 구하시오. (단, C는 적분상수)

01-1 함수 $F(x)=3x^3+ax^2-x$가 함수 $f(x)$의 부정적분 중 하나이고 $f'(-2)=2$, $f(1)=b$일 때, 상수 a, b에 대하여 $a+b$의 값은?

① 61　　② 63　　③ 65　　④ 67　　⑤ 69

01-2 함수 $f(x)$에 대하여

$$\int f(x)dx=x^3-4x^2+4x+C$$

가 성립한다. $f(\alpha)=0$, $f(\beta)=0$일 때, 상수 α, β에 대하여 $\alpha+\beta$의 값은?

(단, C는 적분상수)

① $\dfrac{2}{3}$　　② $\dfrac{4}{3}$　　③ 2　　④ $\dfrac{8}{3}$　　⑤ $\dfrac{10}{3}$

유형 **02** 부정적분과 미분의 관계

모든 실수 x에 대하여

$$\frac{d}{dx}\left\{\int (ax^2-3x+2)dx\right\}=6x^2+bx+2$$

가 성립할 때, $a+b$의 값을 구하시오. (단, a, b는 상수이다.)

02-1 함수 $f(x)=-2x^3+5x^2$에 대하여

$$G(x)=\int\left[\frac{d}{dx}\{f(x)+4\}\right]dx$$

이고 $G(1)=4$일 때, $G(2)$의 값을 구하시오.

유형 **03** 다항함수의 부정적분 중요

함수 $f(x)=\displaystyle\int\frac{8}{2-x}dx-\int\frac{x^3}{2-x}dx$에 대하여 $f(0)=2$일 때, $f(3)$의 값을 구하시오.

(단, $x\neq 2$)

해결 포인트

$\displaystyle\int f(x)dx-\int g(x)dx$

$=\displaystyle\int\{f(x)-g(x)\}dx$

임을 이용한다.

03-1 함수 $f(x)=x^3+2x$에 대하여 함수 $g(x)$를

$$g(x)=f'(x)\times\int f'(x)dx$$

라 하자. $g(0)=2$일 때, $g(1)$의 값을 구하시오.

03-2 다항함수 $f(x)$에 대하여 $f'(x)=2x-3$이고 함수 $y=f(x)$의 그래프는 직선 $y=1$에 접한다. $f(1)$의 값은?

① 1　　　② $\dfrac{5}{4}$　　　③ $\dfrac{3}{2}$　　　④ $\dfrac{7}{4}$　　　⑤ 2

해결 포인트

$f(x)=\displaystyle\int f'(x)dx$이고

$\displaystyle\int x^n dx=\frac{1}{n+1}x^{n+1}+C$

(C는 적분상수)임을 이용한다.

03-3 두 다항함수 $f(x)$, $g(x)$가 다음 조건을 만족시킨다.

> (가) $\dfrac{d}{dx}\{f(x)+g(x)\}=2x+1$
>
> (나) $\dfrac{d}{dx}\{f(x)g(x)\}=3x^2-4x+1$

$f(0)=1$, $g(0)=-2$일 때, $f(1)$의 값을 구하시오.

해결 포인트

$\displaystyle\int\left\{\frac{d}{dx}f(x)\right\}dx=f(x)+C$

(C는 적분상수)임을 이용한다.

빈출 유형 마무리

01

다항함수 $f(x)$가

$$\int f(x)dx = 2x^3 - 3x^2 + C$$

를 만족시킬 때, $\dfrac{1}{f(2)} + \dfrac{1}{f(3)} + \dfrac{1}{f(4)} + \dfrac{1}{f(5)}$의 값은?

(단, C는 적분상수)

① $\dfrac{1}{15}$ ② $\dfrac{2}{15}$ ③ $\dfrac{1}{5}$

④ $\dfrac{4}{15}$ ⑤ $\dfrac{1}{3}$

02

함수 $f(x) = \int \left\{ \dfrac{d}{dx}(x^2 - 5x + 2) \right\} dx$에 대하여 방정식 $f(x) = 0$의 모든 실근의 곱이 -3일 때, $f(1)$의 값은?

① -7 ② -3 ③ -1

④ 2 ⑤ 6

03 중요

다항함수 $f(x)$가

$$\int f(x)dx = xf(x) + 2x^3 - 2x^2$$

을 만족시키고 $f(1) = 4$일 때, $f(2)$의 값은?

① -2 ② -1 ③ 0

④ 1 ⑤ 2

04

이차함수 $y = f(x)$의 그래프가 오른쪽 그림과 같고 함수 $f(x)$를 도함수로 갖는 함수 $g(x)$의 극댓값이 3, 극솟값이 -1일 때, $g(1)$의 값은?

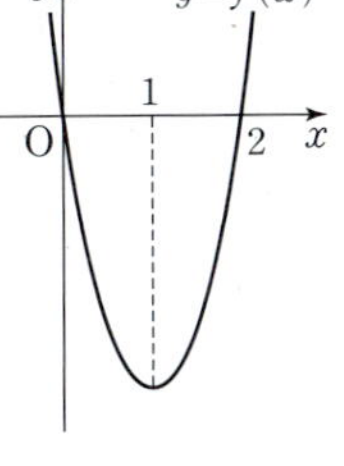

① -2 ② -1

③ 0 ④ 1

⑤ 2

05

두 삼차함수 $f(x)$, $g(x)$가 다음 조건을 만족시킬 때, $f'(1)g(1)$의 값을 구하시오.

> (개) $f'(x)g(0) = 6x^2 - 4x + 2$
> (내) $g'(x) + xf'(x) = 3x^3 + 4x^2 + 3x$

06

다항함수 $f(x)$가 모든 실수 x, y에 대하여

$$f(x+y) = f(x) + f(y) + 3xy(x+y) + 1$$

을 만족시키고 $f'(1) = 1$일 때, $f(2)$의 값을 구하시오.

07 중요

이차함수 $f(x)$에 대하여 함수 $g(x)$가

$$g(x) = \dfrac{1}{3}x^3 + \int f(x)dx, \quad f(x) + g(x) = -2x + 1$$

을 만족시킬 때, $g(1)$의 값은?

① 1 ② 2 ③ 3

④ 4 ⑤ 5

08

| 2013 9월 평가원 나형 18번 |

이차함수 $f(x)$에 대하여 함수 $g(x)$가

$$g(x) = \int \{x^2 + f(x)\} dx, \quad f(x)g(x) = -2x^4 + 8x^3$$

을 만족시킬 때, $g(1)$의 값은?

① 1 ② 2 ③ 3

④ 4 ⑤ 5

02 정적분

개념 Plus

❶ 정적분의 정의

닫힌구간 $[a, b]$에서 연속인 함수 $f(x)$의 한 부정적분을 $F(x)$라 할 때,

$$\int_a^b f(x)dx = \Big[F(x) \Big]_a^b = F(b) - F(a)$$

❷ 정적분의 성질

두 함수 $f(x)$, $g(x)$가 임의의 세 실수 a, b, c를 포함하는 닫힌구간에서 연속일 때

① $\displaystyle\int_a^a f(x)dx = 0$

② $\displaystyle\int_a^b f(x)dx = -\int_b^a f(x)dx$

③ $\displaystyle\int_a^b kf(x)dx = k\int_a^b f(x)dx$ (단, k는 실수)

④ $\displaystyle\int_a^b \{f(x) \pm g(x)\}dx = \int_a^b f(x)dx \pm \int_a^b g(x)dx$ (복부호동순)

⑤ $\displaystyle\int_a^b f(x)dx = \int_a^c f(x)dx + \int_c^b f(x)dx$

> • 닫힌구간 $[a, b]$에서 연속인 함수 $f(x)$에 대하여
> $$f(x) = \begin{cases} g(x) & (a \le x < c) \\ h(x) & (c \le x \le b) \end{cases}$$
> 이면
> $$\int_a^b f(x)dx$$
> $$= \int_a^c g(x)dx + \int_c^b h(x)dx$$

❸ 정적분의 기하적 의미

함수 $f(x)$가 닫힌구간 $[a, b]$에서 연속이고 $f(x) \ge 0$일 때, 정적분
$\displaystyle\int_a^b f(x)dx$는 곡선 $y = f(x)$와 x축 및 두 직선 $x = a$, $x = b$로 둘러싸인
도형의 넓이 S와 같다.

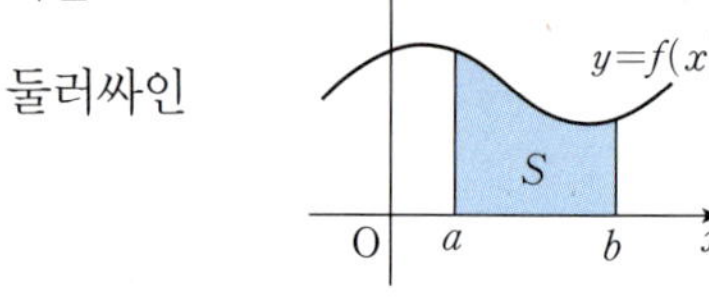

참고 $f(x) \le 0$일 때, $\displaystyle\int_a^b f(x)dx = -S$이다.

❹ 우함수와 기함수의 정적분

함수 $f(x)$가 닫힌구간 $[-a, a]$에서 연속일 때, 함수 $f(x)$가 모든 실수 x에 대하여

(1) $f(-x) = f(x)$, 즉 우함수이면 $\displaystyle\int_{-a}^a f(x)dx = 2\int_0^a f(x)dx$
　　그래프가 y축 대칭

(2) $f(-x) = -f(x)$, 즉 기함수이면 $\displaystyle\int_{-a}^a f(x)dx = 0$
　　그래프가 원점 대칭

참고 (우함수) × (우함수) = (우함수)
　　　(기함수) × (기함수) = (우함수)
　　　(기함수) × (우함수) = (기함수)

> • 다항함수의 우함수와 기함수
> (1) $f(-x) = f(x)$이면
> 　　$f(x)$는 1, x^2, x^4, $\cdots$,
> 　　즉 $x^{(짝수)}$ (단, 상수항은 x^0)
> (2) $f(-x) = -f(x)$이면
> 　　$f(x)$는 x, x^3, x^5, $\cdots$,
> 　　즉 $x^{(홀수)}$

❺ 정적분으로 나타내어진 함수

(1) 정적분으로 나타내어진 함수의 미분

① $\displaystyle\frac{d}{dx}\int_a^x f(t)dt = f(x)$　　　　② $\displaystyle\frac{d}{dx}\int_x^{x+a} f(t)dt = f(x+a) - f(x)$

(2) 정적분으로 나타내어진 함수의 극한

① $\displaystyle\lim_{x \to a}\frac{1}{x-a}\int_a^x f(t)dt = f(a)$　　　　② $\displaystyle\lim_{x \to 0}\frac{1}{x}\int_a^{x+a} f(t)dt = f(a)$

내신 & 수능 빈출 유형

유형 01 정적분의 계산과 성질 

함수 $f(x)=\begin{cases} 3x^2+2ax & (x<1) \\ 2x+b & (x\geq 1) \end{cases}$ 이 모든 실수 x에서 미분가능할 때, 정적분 $\displaystyle\int_{-1}^{2} f(x)dx$의 값은? (단, a, b는 상수이다.)

① 0 　　② 2 　　③ 4 　　④ 6 　　⑤ 8

01-1 정적분 $\displaystyle\int_{-1}^{3} 4|x(x-3)^2|dx$의 값을 구하시오.

01-2 함수 $f(x)$가 다음 조건을 만족시킬 때, 정적분 $\displaystyle\int_{1}^{4} f(x)dx$의 값을 구하시오.

> (가) 함수 $y=f(x)$의 그래프는 직선 $x=4$에 대하여 대칭이다.
> (나) $\displaystyle\int_{-1}^{1} f(x)dx=2$, $\displaystyle\int_{1}^{9} f(x)dx=12$

유형 02 우함수와 기함수의 정적분

이차함수 $f(x)=ax^2+bx$의 그래프와 직선 $g(x)=mx+9$가 x좌표가 -1, 3인 서로 다른 두 점에서 만날 때, 정적분 $\displaystyle\int_{-3}^{3} \{f(x)+2g(x)\}dx$의 값을 구하시오. (단, a, b, m은 상수이다.)

02-1 연속함수 $f(x)$가 다음 조건을 만족시킬 때, 정적분 $\displaystyle\int_{-2}^{1} (x+1)f(x)dx$의 값은?

> (가) 모든 실수 x에 대하여 $f(-x)=f(x)$이다.
> (나) $\displaystyle\int_{0}^{1} f(x)dx=3$, $\displaystyle\int_{0}^{2} f(x)dx=4$, $\displaystyle\int_{1}^{2} xf(x)dx=5$

① -3 　　② -2 　　③ -1 　　④ 2 　　⑤ 3

유형 **03** 정적분으로 나타내어진 함수 

다항함수 $f(x)$가 모든 실수 x에 대하여 $\displaystyle\int_1^x f(t)dt = 3x^3 + 4ax^2 - ax$를 만족시킬 때, $f(2)$의 값은? (단, a는 상수이다.)

① 18　　　② 19　　　③ 20　　　④ 21　　　⑤ 22

해결 포인트

$\dfrac{d}{dx}\displaystyle\int_a^x f(t)dt = f(x)$임을 이용한다.

03-1 $\displaystyle\lim_{h\to 0}\frac{1}{h}\int_{-2}^{h-2}(|t|^3 + |t|)dt$의 값은?

① 7　　　② 8　　　③ 9　　　④ 10　　　⑤ 11

03-2 다항함수 $f(x)$가 모든 실수 x에 대하여 $f(x) = x^3 - 2x + 2\displaystyle\int_2^x f'(t)dt$를 만족시킬 때, $f(-3)$의 값은?

① $\dfrac{57}{2}$　　　② 29　　　③ $\dfrac{59}{2}$　　　④ 30　　　⑤ $\dfrac{61}{2}$

해결 포인트

$\displaystyle\int_a^a f'(t)dt = 0$임을 이용한다.

03-3 다항함수 $f(x)$가 모든 실수 x에 대하여

$$\int_1^x xf(t)dt = \int_1^x tf(t)dt + ax^3 + bx^2 + 2$$

를 만족시킬 때, $f(2)$의 값은? (단, a, b는 상수이다.)

① 30　　　② 33　　　③ 36　　　④ 39　　　⑤ 42

빈출 유형 마무리

정답과 풀이 36쪽

01 중요

모든 실수 x에 대하여 $f'(x)<0$인 함수 $f(x)$가

$$f(1)=0,\ \int_{-3}^{2}f(x)dx=2,\ \int_{-3}^{2}|f(x)|dx=4$$

를 만족시킬 때, 정적분 $\int_{1}^{2}f(x)dx$의 값은?

① -3 ② -1 ③ 0

④ 1 ⑤ 3

02

함수 $f(x)$가 다음 조건을 만족시킬 때, 정적분 $\int_{0}^{1}x^2f(x)dx$의 값을 구하시오.

> (가) $\int_{0}^{1}f(x)dx=1,\ \int_{0}^{1}xf(x)dx=2$
>
> (나) 실수 k에 대하여 $\int_{0}^{1}(x-k)^2f(x)dx$의 최솟값이 1이다.

03

두 다항함수 $f(x)$, $g(x)$가 모든 실수 x에 대하여 다음 조건을 만족시킨다.

> (가) $f(x)=6x+\dfrac{1}{3}\int_{0}^{2}g'(t)dt$
>
> (나) $g(x)=xf(x-1)$

정적분 $\int_{0}^{4}f(x)dx-\int_{2}^{4}f(x)dx-\int_{0}^{-2}f(x)dx$의 값은?

① 44 ② 46 ③ 48

④ 50 ⑤ 52

04 중요

삼차함수 $f(x)$가 다음 조건을 만족시킬 때, 정적분 $\int_{-1}^{1}|f'(x)|dx$의 값은?

> (가) 모든 실수 a에 대하여 $\int_{-a}^{a}f(t)dt=0$이다.
>
> (나) $x=-1$에서 극댓값 2를 갖는다.

① -4 ② -2 ③ 0

④ 2 ⑤ 4

05

최고차항의 계수가 양수인 삼차함수 $f(x)$가

$$f'(-1)=f'(1)=0,\ \int_{-\sqrt{3}}^{\sqrt{3}}|f(x)|dx=36,\ f(0)=0$$

을 만족시킬 때, 함수 $f(x)$의 극댓값은?

① 13 ② 14 ③ 15

④ 16 ⑤ 17

06

미분가능한 함수 $f(x)$가

$$\int_{2}^{x}(x-t)f(t)dt=ax^3-bx^2+4$$

를 만족시킬 때, $f(ab)$의 값을 구하시오. (단, a, b는 상수이다.)

07

| 2016 수능 A형 20번 |

두 다항함수 $f(x)$, $g(x)$가 모든 실수 x에 대하여

$$f(-x)=-f(x),\ g(-x)=g(x)$$

를 만족시킨다. 함수 $h(x)=f(x)g(x)$에 대하여

$$\int_{-3}^{3}(x+5)h'(x)dx=10$$

일 때, $h(3)$의 값은?

① 1 ② 2 ③ 3

④ 4 ⑤ 5

03 정적분의 활용

❶ 곡선과 좌표축 사이의 넓이

(1) 곡선과 x축 사이의 넓이

함수 $f(x)$가 닫힌구간 $[a, b]$에서 연속일 때, 곡선 $y=f(x)$와 x축 및 두 직선 $x=a$, $x=b$로 둘러싸인 도형의 넓이 S는

$$S=\int_a^b |f(x)|\,dx$$

(2) 곡선과 y축 사이의 넓이

함수 $g(y)$가 닫힌구간 $[c, d]$에서 연속일 때, 곡선 $x=g(y)$와 y축 및 두 직선 $y=c$, $y=d$로 둘러싸인 도형의 넓이 S는

$$S=\int_c^d |g(y)|\,dy$$

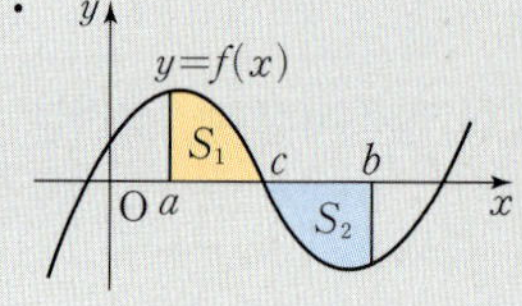

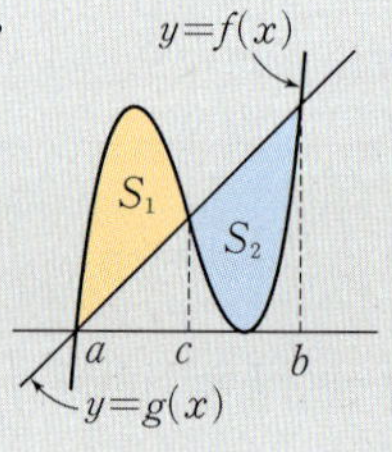

$$S_1=\int_a^c f(x)\,dx$$

$$S_2=\int_c^b \{-f(x)\}\,dx$$

$$\therefore S=S_1+S_2$$

❷ 두 곡선 사이의 넓이

두 함수 $f(x)$, $g(x)$가 닫힌구간 $[a, b]$에서 연속일 때, 두 곡선 $y=f(x)$, $y=g(x)$ 및 두 직선 $x=a$, $x=b$로 둘러싸인 도형의 넓이 S는

$$S=\int_a^b |f(x)-g(x)|\,dx$$

이때, 함수 $f(x)-g(x)$의 부호에 따라 구간을 나누어 구한다.

참고 두 곡선으로 둘러싸인 도형의 넓이를 구할 때

❶ 두 곡선의 교점의 x좌표를 구한다.

❷ 그래프를 이용하여 $f(x) \geq g(x)$인 구간과 $f(x) \leq g(x)$인 구간으로 나누어 적분한다.

$$S_1=\int_a^c \{f(x)-g(x)\}\,dx$$

$$S_2=\int_c^b \{g(x)-f(x)\}\,dx$$

$$\therefore S=S_1+S_2$$

❸ 속도와 거리

(1) 속도와 위치

수직선 위를 움직이는 점 P의 시각 t에서의 속도가 $v(t)$이고, 시각 $t=a$에서의 점 P의 위치가 x_0일 때

① 시각 $t=b$에서의 점 P의 위치 x는

$$x=x_0+\int_a^b v(t)\,dt$$

② 시각 $t=a$에서 $t=b$까지 점 P의 위치의 변화량은

$$\int_a^b v(t)\,dt$$

(2) 속도와 거리

수직선 위를 움직이는 점 P의 시각 t에서의 속도가 $v(t)$일 때, 시각 $t=a$에서 $t=b$까지 점 P가 움직인 거리 s는

$$s=\int_a^b |v(t)|\,dt$$

• 점 P가 멈추거나 방향을 바꾸는 시각에서의 점 P의 속도는 0이다.

유형 01 곡선과 좌표축 사이의 넓이

곡선 $y=x^2(2-x)$와 x축으로 둘러싸인 도형의 넓이를 S라 할 때, $3S$의 값을 구하시오.

곡선이 x축과 만나는 점의 x좌표를 구한다.

01-1 곡선 $y=\sqrt{x+4}$와 x축, y축으로 둘러싸인 도형의 넓이를 S라 할 때, $S=\dfrac{q}{p}$이다. $p+q$의 값을 구하시오. (단, p와 q는 서로소인 자연수이다.)

유형 02 두 곡선 사이의 넓이 

곡선 $y=x^2+1$과 이 곡선 위의 점 $(1, 2)$에서의 접선 및 y축으로 둘러싸인 도형의 넓이를 S라 할 때, $12S$의 값을 구하시오.

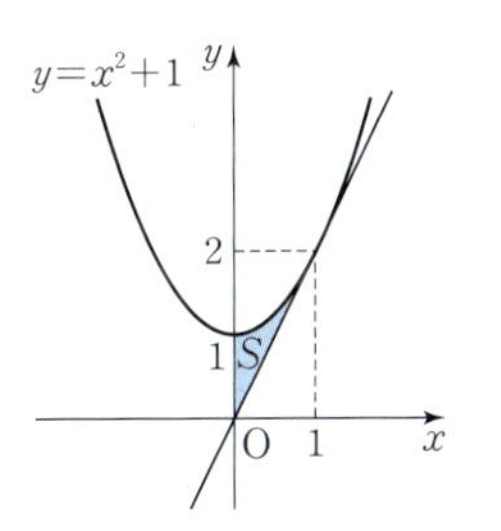

해결 포인트

곡선 $y=f(x)$ 위의 점 $(a, f(a))$에서의 접선의 기울기는 $f'(a)$이므로 접선의 방정식은 $y-f(a)=f'(a)(x-a)$임을 이용한다.

02-1 함수 $f(x)=x^3+4$의 그래프와 $f(x)$의 도함수 $f'(x)$의 그래프로 둘러싸인 도형의 넓이를 S라 할 때, $S=\dfrac{q}{p}$이다. $p+q$의 값을 구하시오. (단, p와 q는 서로소인 자연수이다.)

02-2 삼차함수 $f(x)=x^3+3x^2+3x$의 역함수를 $y=g(x)$라 할 때, 두 곡선 $y=f(x)$, $y=g(x)$로 둘러싸인 도형의 넓이를 구하시오.

해결 포인트

함수 $y=f(x)$와 그 역함수 $y=g(x)$의 그래프는 직선 $y=x$에 대하여 대칭이다.

유형 **03** 속도와 움직인 거리

50 m 높이의 건물 옥상에서 공을 지면과 수직이 되도록 위로 던질 때, 공을 던진 지 t초 후의 공의 속도 $v(t)$는 $v(t)=(50-10t)$ m/s라 한다. 지면으로부터의 공의 최대 높이는?

① 160 m   ② 165 m   ③ 170 m   ④ 175 m   ⑤ 180 m

03-1 초속 48 m의 일정한 속도로 달리던 자동차가 멈춰 서기 위하여 제동을 걸기 시작한 지 t초 후의 속도 $v(t)$는 $v(t)=(48-3t^2)$ m/s라 한다. 이 자동차가 제동을 건 후 멈추기까지 움직인 거리는?

① 126 m   ② 127 m   ③ 128 m   ④ 129 m   ⑤ 130 m

03-2 원점을 출발하여 수직선 위를 움직이는 점 P의 시각 t에서의 속도 $v(t)$가 $v(t)=t(t-1)(t-2)$이다. 시각 $t=0$에서 $t=1$까지 점 P가 움직인 거리를 a라 하고, 시각 $t=0$에서 $t=2$까지 점 P가 움직인 거리를 b라 할 때, $a+b$의 값은?

① $\dfrac{1}{4}$ ② $\dfrac{1}{2}$ ③ $\dfrac{3}{4}$ ④ 1 ⑤ $\dfrac{5}{4}$

유형 **04** 속도의 그래프에서의 위치와 움직인 거리 〔중요〕

원점을 출발하여 수직선 위를 움직이는 점 P의 t초 후의 속도 $v(t)$를 나타내는 그래프가 오른쪽 그림과 같다. 점 P가 원점을 출발한 후 6초 동안 움직인 거리를 구하시오.

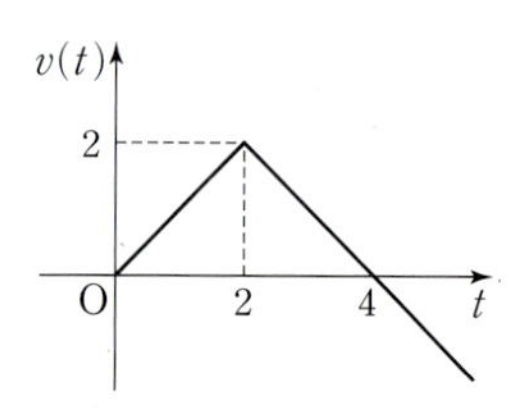

04-1 원점을 출발하여 수직선 위를 7초 동안 움직이는 점 P의 t초 후의 속도 $v(t)$를 나타내는 그래프가 오른쪽 그림과 같을 때, $f(x)=\displaystyle\int_0^x v(t)dt$라 하자. 옳은 것만을 〈보기〉에서 있는 대로 고른 것은?

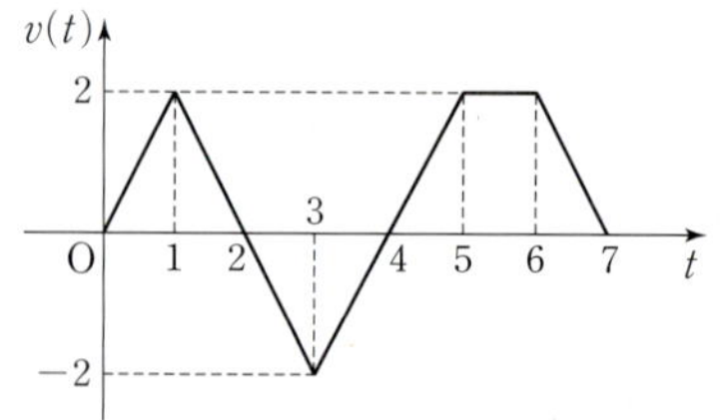

| 보기 |
> ㄱ. $f(3)=f(5)$ ㄴ. $f'(1)=f'(5)$
> ㄷ. $0<x<7$에서 $f(x)=0$을 만족시키는 x의 값은 2개이다.

① ㄱ   ② ㄷ   ③ ㄱ, ㄴ   ④ ㄱ, ㄷ   ⑤ ㄱ, ㄴ, ㄷ

빈출 유형 마무리

01

함수 $f(x)=x^2-2x$에 대하여 함수 $y=f(|x|)$의 그래프와 x축으로 둘러싸인 도형의 넓이는?

① $\dfrac{7}{3}$ ② $\dfrac{8}{3}$ ③ 3

④ $\dfrac{10}{3}$ ⑤ $\dfrac{11}{3}$

02 중요

오른쪽 그림에서 곡선 $y=|x^2-4x|$와 x축으로 둘러싸인 도형의 넓이 S_1과 곡선 $y=|x^2-4x|$와 x축 및 직선 $x=k$로 둘러싸인 도형의 넓이 S_2가 같을 때, 상수 k의 값을 구하시오. (단, $k>4$)

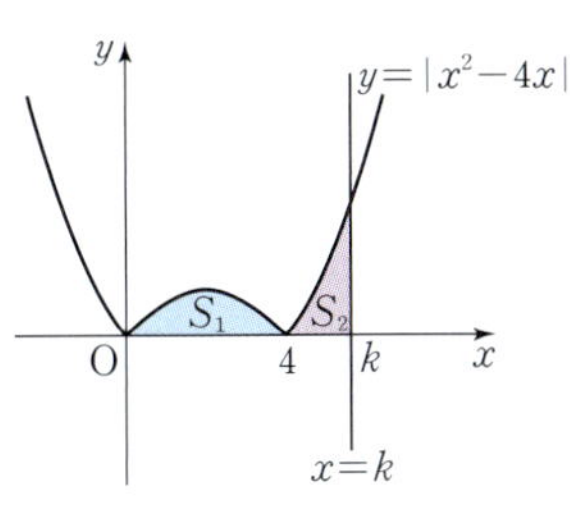

03

오른쪽 그림과 같이 곡선 $y=\sqrt{x+1}$과 x축, y축으로 둘러싸인 도형의 넓이를 S_1, 곡선 $y=\sqrt{x+1}$과 y축 및 직선 $y=k$로 둘러싸인 도형의 넓이를 S_2라 할 때, $S_1=S_2$가 되도록 하는 상수 k에 대하여 k^2의 값을 구하시오. (단, $k>1$)

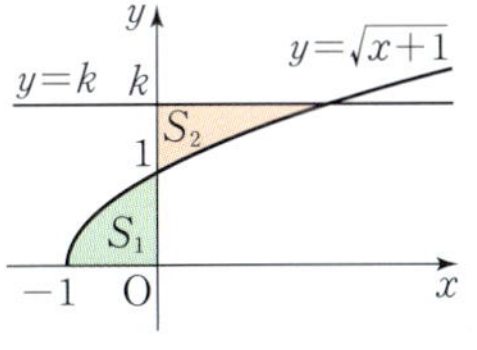

04

오른쪽 그림에서 곡선 $y=\sqrt{x-2}$와 두 직선 $x=3$, $x=6$ 및 x축으로 둘러싸인 도형의 넓이를 S라 할 때, $3S$의 값을 구하시오.

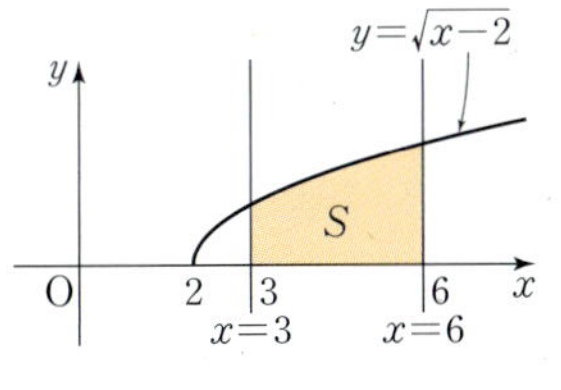

05

함수 $f(x)=x^3+x$의 역함수를 $y=g(x)$라 할 때, $40\displaystyle\int_2^{10} g(x)dx$의 값은?

① 490 ② 500 ③ 510

④ 520 ⑤ 530

06

오른쪽 그림과 같이 곡선 $y=x-x^2$과 직선 $y=mx$로 둘러싸인 도형의 넓이 A와 곡선 $y=x-x^2$과 두 직선 $x=1$, $y=mx$로 둘러싸인 도형의 넓이 B가 같을 때, $12m$의 값을 구하시오. (단, $0<m<1$)

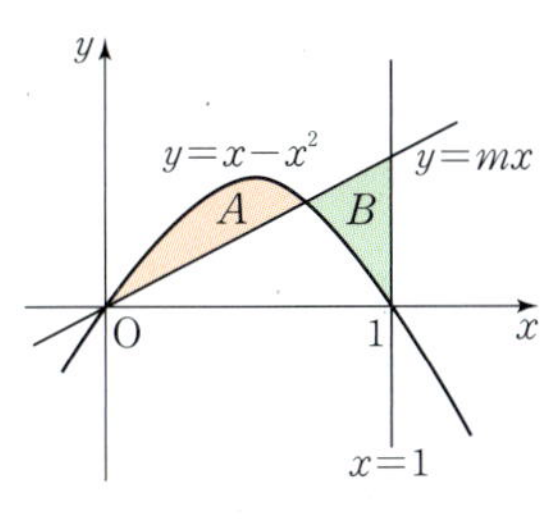

07 중요

함수 $f(x)$가 등식 $\displaystyle\int_4^x f(t)dt=x^3-ax^2$을 만족시킬 때, 함수 $y=f(x)$의 그래프와 $f(x)$의 도함수인 $y=f'(x)$의 그래프로 둘러싸인 도형의 넓이를 S라 하자. $27S$의 값을 구하시오.

08

두 곡선 $y=x^3+ax+b$, $y=ax^2+bx+1$이 점 $\mathrm{P}(-1, k)$에서 같은 직선에 접할 때, 이 두 곡선으로 둘러싸인 도형의 넓이는? (단, a, b는 상수이고 $a\neq0$이다.)

① 1 ② $\dfrac{4}{3}$ ③ $\dfrac{5}{3}$

④ 2 ⑤ $\dfrac{7}{3}$

09

오른쪽 그림과 같이 두 곡선 $y=x^2+2a$, $y=-x^2+4$로 둘러싸인 도형의 넓이를 S_1이라 하고, 두 곡선 $y=x^2+2a$, $y=-x^2+4$ 및 x축으로 둘러싸인 도형의 넓이를 S_2라 하자. $S_1 : S_2 = 1 : 3$이 되도록 하는 상수 a의 값을 구하시오. (단, $0<a<2$)

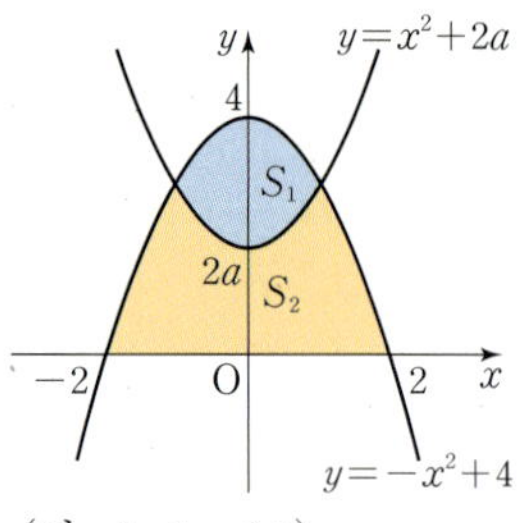

10

고속 열차가 출발하여 $2\,\mathrm{km}$를 달리는 동안은 시각 t분에서의 속도 $v(t)$가 $v(t)=(3t^2+2t)\ \mathrm{km/min}$이고 그 이후로는 속도가 일정하다. 이 열차가 출발한 후 5분 동안 움직인 거리를 $a\,\mathrm{km}$라 할 때, 상수 a의 값을 구하시오.

11

수직선 위를 움직이는 점 P의 시각 $t(0\le t\le c)$에서의 속도 $v(t)=t^2-4t+k$의 그래프가 오른쪽 그림과 같다. 원점을 출발한 점 P가 시각 $t=c$에서 다시 원점을 지날 때, 상수 k의 값은?

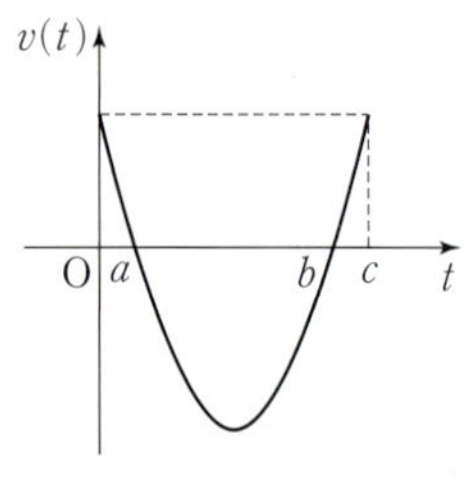

① $\dfrac{8}{3}$ ② 3   ③ $\dfrac{10}{3}$

④ $\dfrac{11}{3}$ ⑤ 4

12

원점 O를 출발하여 수직선 위를 움직이는 점 P가 시각 $t=0$에서 $t=16$까지 움직일 때, 속도 $v(t)$는

$$v(t)=\begin{cases} 3(t^2-4t) & (0\le t<4) \\ 2t-8 & (4\le t<8) \\ 16-t & (8\le t\le 16) \end{cases}$$

이다. 선분 OP의 길이의 최댓값을 구하시오.

13

원점을 출발하여 수직선 위를 움직이는 점 P의 시각 $t\,(0\le t\le d)$에서의 속도 $v(t)$를 나타내는 그래프가 오른쪽 그림과 같다. $\displaystyle\int_0^c v(t)dt=\int_c^d v(t)dt$일 때, 옳은 것만을 〈보기〉에서 있는 대로 고른 것은?

(단, $0<a<b<c<d$)

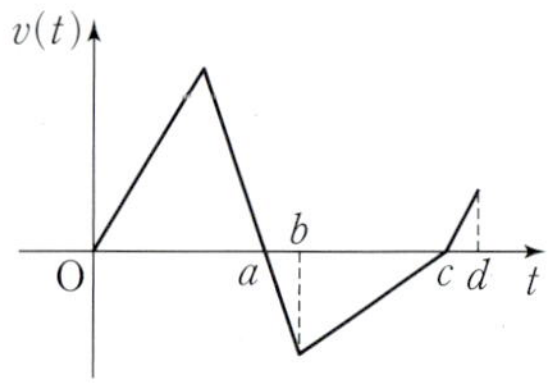

> **보기**
>
> ㄱ. $t=d$에서의 점 P의 위치는 원점이다.
>
> ㄴ. $\displaystyle\int_0^a |v(t)|dt=\int_a^d |v(t)|dt$
>
> ㄷ. $\displaystyle\int_0^b v(t)dt=\int_b^d |v(t)|dt$

① ㄴ   ② ㄷ   ③ ㄱ, ㄴ

④ ㄴ, ㄷ   ⑤ ㄱ, ㄴ, ㄷ

14

| 교육청 기출 |

원점을 출발하여 수직선 위를 움직이는 점 P의 시각 t에서의 속도를 $v(t)=3t^2-6t$라 하자. 점 P가 시각 $t=0$에서 $t=a$까지 움직인 거리가 58일 때, $v(a)$의 값을 구하시오.

N회독 기출의 대명사

수능 기출의 바이블

나의 첫번째 기출문제집

최신 학평 기출 완벽 분석

수능이 처음인
너를 위한 기출서

고1·2 기출의 바이블

빈출 주제 학평 기출 매일 3세트

수능
기출의
바이블
국어 문학 입문

N회독 기출의 대명사

신개념 분권형 기출서

1권인데 4권같은
기출문제집

고3 기출의 바이블

수능
기출의
바이블
Bible
국어 문학

2024학년도 수능 대비 기출문제집

N회독이 가능한
연도별/갈래별
분권형 기출문제집

• 이투스북 도서는 전국 서점 및 온라인 서점에서 구매하실 수 있습니다.
• 이투스북 온라인 서점 | www.etoosbook.com

이투스북

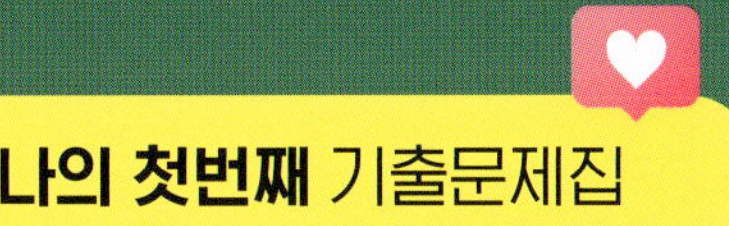

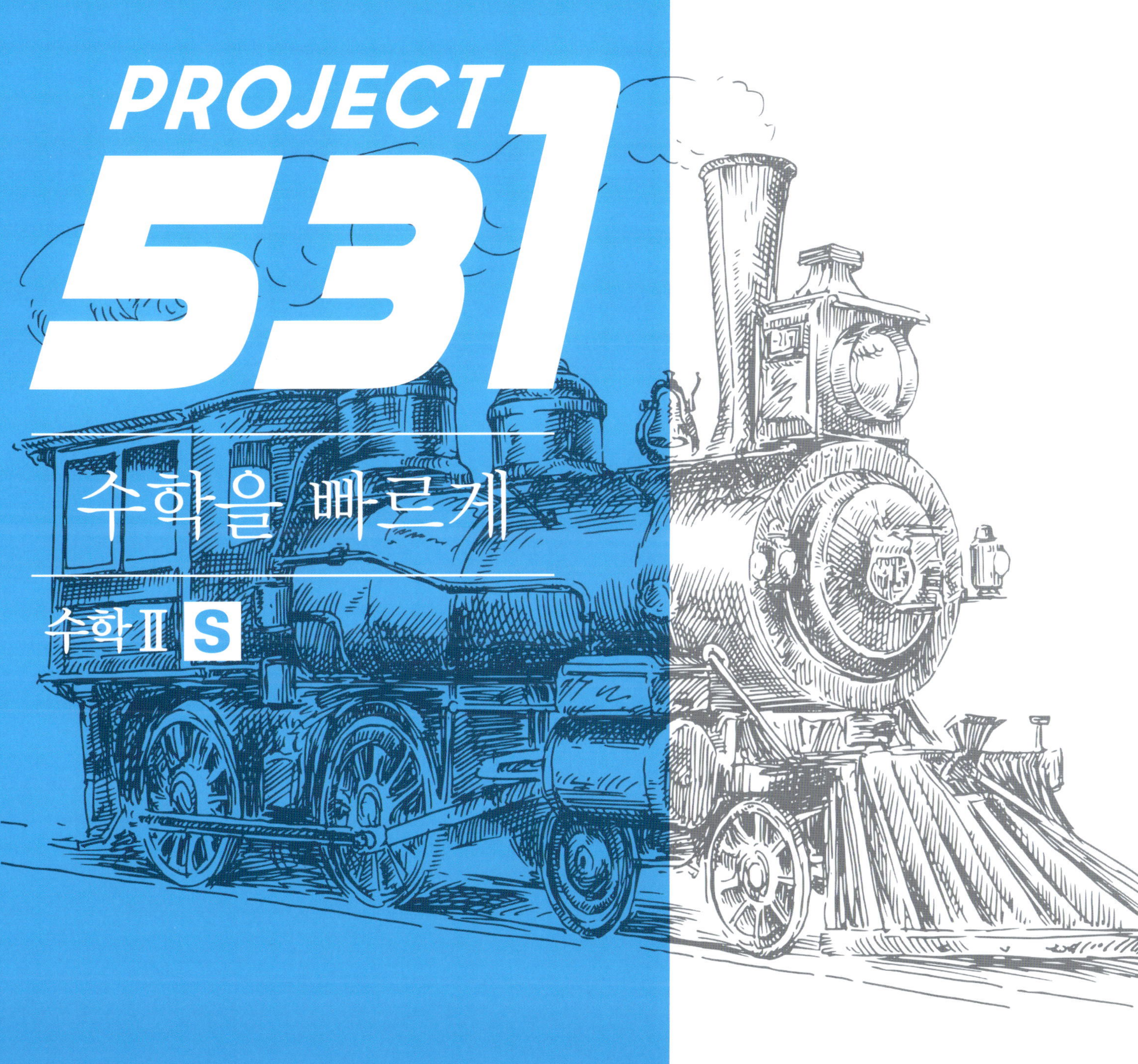
이투스북
PROJECT
531
수학을 빠르게
수학Ⅱ S
정답과 풀이

수학 II

정답과 풀이

Ⅰ. 함수의 극한과 연속   05

Ⅱ. 미분   14

Ⅲ. 적분   32

I 함수의 극한과 연속

01 | 함수의 극한

| 내신 & 수능 빈출 유형 | 본문 09~11쪽

유형 01 ③   01-1 ①   01-2 ①
유형 02 ④   02-1 ①
유형 03 ⑤   03-1 ②
유형 04 ③   04-1 ③   04-2 ①
유형 05 8   05-1 ②   05-2 7
유형 06 ⑤   06-1 ②

| 빈출 유형 마무리 | 본문 12~13쪽

01 ②   02 ②   03 ④   04 ①   05 ②   06 4
07 ②   08 2   09 ④   10 5   11 ③   12 ⑤
13 4   14 ①   15 ④   16 ④

02 | 함수의 연속

| 내신 & 수능 빈출 유형 | 본문 15~16쪽

유형 01 ②   01-1 ①
유형 02 ④   02-1 ②
유형 03 ②   03-1 ④   03-2 ②
유형 04 ②   04-1 ②

| 빈출 유형 마무리 | 본문 17~18쪽

01 ⑤   02 ④   03 ②   04 13   05 ①   06 2
07 3   08 1   09 ③   10 ②   11 ④   12 4
13 24 14 ④

 미분

01 미분계수와 도함수

| 내신 & 수능 **빈출 유형** | 본문 21~23쪽

유형 **01** ② **01-1** ①
유형 **02** ① **02-1** ③ **02-2** ①
유형 **03** ③ **03-1** ④
유형 **04** ④ **04-1** ③ **04-2** ②
유형 **05** ② **05-1** ① **05-2** ⑤
유형 **06** 20 **06-1** ②

| **빈출 유형** 마무리 | 본문 24~25쪽

01 ② **02** ② **03** ⑤ **04** ③ **05** ⑤ **06** ②
07 6 **08** 4 **09** ⑤ **10** 25 **11** ⑤ **12** 31
13 ① **14** ① **15** ④

02 도함수의 활용 (1)

| 내신 & 수능 **빈출 유형** | 본문 27~29쪽

유형 **01** ① **01-1** ②
유형 **02** ③ **02-1** ⑤ **02-2** ①
유형 **03** ⑤ **03-1** ⑤
유형 **04** ② **04-1** ② **04-2** ④
유형 **05** ③ **05-1** ④
유형 **06** ⑤ **06-1** ⑤ **06-2** 2

| **빈출 유형** 마무리 | 본문 30~31쪽

01 ③ **02** ① **03** ④ **04** ④ **05** 1 **06** ④
07 ① **08** ③ **09** ④ **10** ⑤ **11** ⑤ **12** 12
13 ⑤ **14** 7 **15** 48 **16** 2

03 도함수의 활용 (2)

| 내신 & 수능 **빈출 유형** | 본문 33~35쪽

유형 **01** ④ **01-1** ②
유형 **02** ④ **02-1** ② **02-2** ①
유형 **03** ② **03-1** ③
유형 **04** ③ **04-1** ② **04-2** ③
유형 **05** ③ **05-1** ②
유형 **06** 6 **06-1** ②

| **빈출 유형** 마무리 | 본문 36~37쪽

01 ② **02** ③ **03** ④ **04** ③ **05** ④ **06** ⑤
07 ③ **08** ④ **09** ④ **10** ① **11** ③ **12** 39
13 15 **14** ⑤ **15** 12

04 도함수의 활용 (3)

| 내신 & 수능 **빈출 유형** | 본문 39~40쪽

유형 **01** ④ **01-1** ⑤ **01-2** ③
유형 **02** ② **02-1** ③ **02-2** ④
유형 **03** ⑤ **03-1** ⑤
유형 **04** ⑤ **04-1** ④

| **빈출 유형** 마무리 | 본문 41~42쪽

01 ③ **02** ② **03** ⑤ **04** ② **05** ① **06** ①
07 ④ **08** 20 **09** ③ **10** ③ **11** ④ **12** ①
13 ② **14** ④

III 적분

01 | 부정적분

| 내신 & 수능 빈출 유형 | 본문 45~46쪽

유형 01 12 01-1 ③ 01-2 ④
유형 02 3   02-1 5
유형 03 32 03-1 20 03-2 ②
            03-3 2

| 빈출 유형 마무리 | 본문 47쪽

01 ② 02 ① 03 ② 04 ④ 05 10 06 3
07 ② 08 ②

02 | 정적분

| 내신 & 수능 빈출 유형 | 본문 49~50쪽

유형 01 ②   01-1 54 01-2 5
유형 02 162 02-1 ④
유형 03 ④   03-1 ④ 03-2 ②
            03-3 ③

| 빈출 유형 마무리 | 본문 51쪽

01 ② 02 5 03 ③ 04 ⑤ 05 ④ 06 12
07 ①

03 | 정적분의 활용

| 내신 & 수능 빈출 유형 | 본문 53~54쪽

유형 01 4 01-1 19
유형 02 4 02-1 31 02-2 1
유형 03 ④ 03-1 ③ 03-2 ③
유형 04 6 04-1 ③

| 빈출 유형 마무리 | 본문 55~56쪽

01 ②   02 6   03 3 04 14 05 ③ 06 4
07 500 08 ② 09 1 10 22 11 ① 12 32
13 ④   14 45

01 | 함수의 극한

내신&수능 빈출 유형　　　　　본문 09~11쪽

유형 01

주어진 그래프에서

$\lim\limits_{x \to 2+} f(x) = -3$, $\lim\limits_{x \to -2-} f(x) = 0$이므로

$\lim\limits_{x \to 2+} f(x) + \lim\limits_{x \to -2-} f(x) = -3 + 0 = -3$　　답 ③

01-1

$\lim\limits_{x \to 1-} f(x) = \lim\limits_{x \to 1-} (x^2 - 2x + a)$
$\qquad\qquad = -1 + a$
$\qquad\qquad = -2$

$\therefore a = -1$

$\lim\limits_{x \to 1+} f(x) = \lim\limits_{x \to 1+} (-x + b)$
$\qquad\qquad = -1 + b$
$\qquad\qquad = 2$

$\therefore b = 3$

$\therefore a - b = -1 - 3 = -4$　　답 ①

01-2

주어진 그래프에서

ㄱ. (참) $\lim\limits_{x \to -1} f(x) = 2$

ㄴ. (거짓) $\lim\limits_{x \to 1} f(x) = 1$

ㄷ. (거짓) $y = f(-x)$의 그래프는 $y = f(x)$의 그래프를 y축에 대하여 대칭이동한 것이므로 다음 그림과 같다.

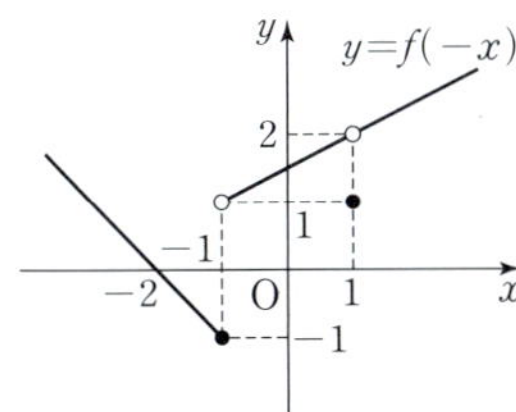

$\lim\limits_{x \to -1-} f(-x) = -1$, $\lim\limits_{x \to -1+} f(-x) = 1$이므로

$\lim\limits_{x \to -1} f(-x)$의 값은 존재하지 않는다.

따라서 옳은 것은 ㄱ뿐이다.　　답 ①

유형 02

$\lim\limits_{x \to 3} \dfrac{f(x) + x}{2f(x) - 3} = \lim\limits_{x \to 3} \dfrac{\dfrac{f(x)}{x} + 1}{2 \times \dfrac{f(x)}{x} - \dfrac{3}{x}}$

$\qquad\qquad\qquad = \dfrac{2 + 1}{2 \times 2 - \dfrac{3}{3}} = 1$　　답 ④

02-1

$x - 1 = t$로 치환하면 $x \to 1$일 때 $t \to 0$이므로

$\lim\limits_{x \to 1} \dfrac{f(x-1)}{x-1} = 3$에서 $\lim\limits_{t \to 0} \dfrac{f(t)}{t} = 3$

$\therefore \lim\limits_{x \to 0} \dfrac{3x + f(x)}{x^2 - 2f(x)} = \lim\limits_{x \to 0} \dfrac{3 + \dfrac{f(x)}{x}}{x - 2 \times \dfrac{f(x)}{x}}$

$\qquad\qquad\qquad = \dfrac{3 + 3}{0 - 2 \times 3} = -1$　　답 ①

유형 03

함수 $f(x)$가 모든 양수 x에 대하여

$3x + 1 < f(x) < 3x + 5$이므로

$\dfrac{(3x+1)^2}{x^2+1} < \dfrac{\{f(x)\}^2}{x^2+1} < \dfrac{(3x+5)^2}{x^2+1}$

이때, $\lim\limits_{x \to \infty} \dfrac{(3x+1)^2}{x^2+1} = 9$, $\lim\limits_{x \to \infty} \dfrac{(3x+5)^2}{x^2+1} = 9$이므로

$\lim\limits_{x \to \infty} \dfrac{\{f(x)\}^2}{x^2+1} = 9$　　답 ⑤

03-1

함수 $f(x)$가 $x > 0$인 모든 실수 x에 대하여

$2x^3 - x^2 + x - 3 < f(x) < 2x^3 + x^2 - x + 3$이므로

$\dfrac{(2x^3 - x^2 + x - 3) + 2x + 1}{x^3 + 4} < \dfrac{f(x) + 2x + 1}{x^3 + 4}$

$\qquad\qquad\qquad < \dfrac{(2x^3 + x^2 - x + 3) + 2x + 1}{x^3 + 4}$

$\dfrac{2x^3 - x^2 + 3x - 2}{x^3 + 4} < \dfrac{f(x) + 2x + 1}{x^3 + 4} < \dfrac{2x^3 + x^2 + x + 4}{x^3 + 4}$

이때, $\lim\limits_{x \to \infty} \dfrac{2x^3 - x^2 + 3x - 2}{x^3 + 4} = 2$, $\lim\limits_{x \to \infty} \dfrac{2x^3 + x^2 + x + 4}{x^3 + 4} = 2$이므로

$\lim\limits_{x \to \infty} \dfrac{f(x) + 2x + 1}{x^3 + 4} = 2$　　답 ②

유형 04

$\lim\limits_{x \to 1} \dfrac{\sqrt{x^2 + 3} + a}{x - 1} = b$에서 $x \to 1$일 때, (분모)$\to 0$이고 극한값이

존재하므로 (분자)$\to 0$이어야 한다.

즉, $\lim\limits_{x \to 1} (\sqrt{x^2 + 3} + a) = 2 + a = 0$

$\therefore a = -2$　　　　　……　㉠

㉠을 주어진 식에 대입하면

$\lim\limits_{x \to 1} \dfrac{\sqrt{x^2 + 3} - 2}{x - 1} = \lim\limits_{x \to 1} \dfrac{(\sqrt{x^2+3} - 2)(\sqrt{x^2+3} + 2)}{(x-1)(\sqrt{x^2+3} + 2)}$

$\qquad\qquad\qquad = \lim\limits_{x \to 1} \dfrac{(x^2 + 3) - 4}{(x-1)(\sqrt{x^2+3} + 2)}$

$\qquad\qquad\qquad = \lim\limits_{x \to 1} \dfrac{(x-1)(x+1)}{(x-1)(\sqrt{x^2+3} + 2)}$

$\qquad\qquad\qquad = \lim\limits_{x \to 1} \dfrac{x+1}{\sqrt{x^2+3} + 2} = \dfrac{1}{2}$

$\therefore b=\dfrac{1}{2}$

$\therefore ab=-2\times\dfrac{1}{2}=-1$　　　　　　　　**冒 ③**

04-1

$\displaystyle\lim_{x\to3}\dfrac{x^2+ax}{x-3}=b$에서 $x\to3$일 때, (분모)$\to0$이고 극한값이 존재

하므로 (분자)$\to0$이어야 한다.

즉, $\displaystyle\lim_{x\to3}(x^2+ax)=9+3a=0$

$\therefore a=-3$　　　　　　　　　　　　　……㉠

㉠을 주어진 식에 대입하면

$\displaystyle\lim_{x\to3}\dfrac{x^2-3x}{x-3}=\lim_{x\to3}\dfrac{x(x-3)}{x-3}=\lim_{x\to3}x=3$

$\therefore b=3$

$\therefore a+b=-3+3=0$　　　　　　　　**冒 ③**

04-2

$\displaystyle\lim_{x\to3}\dfrac{\sqrt{x+1}-2}{ax+b}=\dfrac{1}{8}$에서 $x\to3$일 때, (분자)$\to0$이고 0이 아닌

극한값이 존재하므로 (분모)$\to0$이어야 한다.

즉, $\displaystyle\lim_{x\to3}(ax+b)=3a+b=0$

$\therefore b=-3a$　　　　　　　　　　　　　……㉠

㉠을 주어진 식에 대입하면

$$\begin{aligned}
\lim_{x\to3}\dfrac{\sqrt{x+1}-2}{ax-3a}&=\lim_{x\to3}\dfrac{(\sqrt{x+1}-2)(\sqrt{x+1}+2)}{a(x-3)(\sqrt{x+1}+2)}\\
&=\lim_{x\to3}\dfrac{(x+1)-4}{a(x-3)(\sqrt{x+1}+2)}\\
&=\lim_{x\to3}\dfrac{x-3}{a(x-3)(\sqrt{x+1}+2)}\\
&=\lim_{x\to3}\dfrac{1}{a(\sqrt{x+1}+2)}\\
&=\dfrac{1}{4a}=\dfrac{1}{8}
\end{aligned}$$

$\therefore a=2$

㉠에서 $b=-3\times2=-6$

$\therefore a+b=2+(-6)=-4$　　　　　　**冒 ①**

유형 05

$\displaystyle\lim_{x\to\infty}\dfrac{f(x)}{x^2+2x}=2$에서 $f(x)$는 이차항의 계수가 2인 이차식이다.

$\displaystyle\lim_{x\to1}\dfrac{f(x)}{x^2-1}=3$에서 $x\to1$일 때, (분모)$\to0$이고 극한값이 존재하

므로 (분자)$\to0$이어야 한다.

즉, $\displaystyle\lim_{x\to1}f(x)=f(1)=0$이므로 $f(x)$는 $x-1$을 인수로 갖는다.

$f(x)=(x-1)(2x+a)$ (a는 상수)로 놓으면

$$\begin{aligned}
\lim_{x\to1}\dfrac{f(x)}{x^2-1}&=\lim_{x\to1}\dfrac{(x-1)(2x+a)}{(x-1)(x+1)}\\
&=\lim_{x\to1}\dfrac{2x+a}{x+1}\\
&=\dfrac{2+a}{2}=3
\end{aligned}$$

$\therefore a=4$

따라서 $f(x)=(x-1)(2x+4)$이므로

$f(2)=8$　　　　　　　　　　　　　　　**冒 8**

05-1

$\displaystyle\lim_{x\to\infty}\dfrac{f(x)}{x^2-3x+2}=3$에서 $f(x)$는 이차항의 계수가 3인 이차식이

다.

$\displaystyle\lim_{x\to2}\dfrac{f(x)}{x^2-3x+2}=1$에서 $x\to2$일 때, (분모)$\to0$이고 극한값이

존재하므로 (분자)$\to0$이어야 한다.

즉, $\displaystyle\lim_{x\to2}f(x)=f(2)=0$이므로 $f(x)$는 $x-2$를 인수로 갖는다.

$f(x)=(x-2)(3x+a)$ (a는 상수)로 놓으면

$$\begin{aligned}
\lim_{x\to2}\dfrac{f(x)}{x^2-3x+2}&=\lim_{x\to2}\dfrac{(x-2)(3x+a)}{(x-1)(x-2)}\\
&=\lim_{x\to2}\dfrac{3x+a}{x-1}\\
&=6+a=1
\end{aligned}$$

$\therefore a=-5$

따라서 $f(x)=(x-2)(3x-5)$이므로

$f(1)=2$　　　　　　　　　　　　　　　**冒 ②**

05-2

$\displaystyle\lim_{x\to1}\dfrac{f(x)}{x-1}=8$에서 $x\to1$일 때, (분모)$\to0$이고 극한값이 존재하

므로 (분자)$\to0$이어야 한다.

즉, $\displaystyle\lim_{x\to1}f(x)=f(1)=0$이므로 $f(x)$는 $x-1$을 인수로 갖는다.

또한 $\displaystyle\lim_{x\to-3}\dfrac{f(x)}{x^2-9}=\dfrac{q}{p}$에서 $x\to-3$일 때, (분모)$\to0$이고 극한값

이 존재하므로 (분자)$\to0$이어야 한다.

즉, $\displaystyle\lim_{x\to-3}f(x)=f(-3)=0$이므로 $f(x)$는 $x+3$을 인수로 갖는

다.

$f(x)=a(x-1)(x+3)$ (a는 0이 아닌 상수)로 놓으면

$$\begin{aligned}
\lim_{x\to1}\dfrac{f(x)}{x-1}&=\lim_{x\to1}\dfrac{a(x-1)(x+3)}{x-1}\\
&=\lim_{x\to1}a(x+3)\\
&=4a=8
\end{aligned}$$

$\therefore a=2$

$f(x)=2(x-1)(x+3)$이므로

$$\begin{aligned}
\lim_{x\to-3}\dfrac{f(x)}{x^2-9}&=\lim_{x\to-3}\dfrac{2(x-1)(x+3)}{(x-3)(x+3)}\\
&=\lim_{x\to-3}\dfrac{2(x-1)}{x-3}\\
&=\dfrac{4}{3}=\dfrac{q}{p}
\end{aligned}$$

따라서 $p=3$, $q=4$이므로

$p+q=3+4=7$　　　　　　　　　　　　**冒 7**

유형 06

원의 반지름의 길이를 r라 하면 $\triangle\mathrm{OAB}$의 넓이는

$\dfrac{r}{2}(\sqrt{a^2+4}+a+2)=\dfrac{1}{2}\times2\times a$

위의 식을 정리하면 $\dfrac{r}{a}=\dfrac{2}{\sqrt{a^2+4}+a+2}$ 이므로

$\dfrac{l}{a}=\dfrac{2\pi r}{a}=\dfrac{4\pi}{\sqrt{a^2+4}+a+2}$

$\therefore \lim\limits_{a\to0+}\dfrac{l}{a}=\lim\limits_{a\to0+}\dfrac{4\pi}{\sqrt{a^2+4}+a+2}=\pi$ 　　답 ⑤

06-1

직선 OP의 기울기가 t이므로 직선 l의 방정식은

$y-t^2=-\dfrac{1}{t}(x-t)$

$\therefore y=-\dfrac{1}{t}x+t^2+1$

점 A의 좌표는 $(0,\ t^2+1)$이므로

$\overline{OA}=t^2+1,\ \overline{OP}=\sqrt{t^4+t^2}$

$\therefore \lim\limits_{t\to\infty}(\overline{OA}-\overline{OP})$

$=\lim\limits_{t\to\infty}(t^2+1-\sqrt{t^4+t^2})$

$=\lim\limits_{t\to\infty}\dfrac{(t^2+1-\sqrt{t^4+t^2})(t^2+1+\sqrt{t^4+t^2})}{t^2+1+\sqrt{t^4+t^2}}$

$=\lim\limits_{t\to\infty}\dfrac{(t^2+1)^2-(t^4+t^2)}{t^2+1+\sqrt{t^4+t^2}}$

$=\lim\limits_{t\to\infty}\dfrac{t^2+1}{t^2+1+\sqrt{t^4+t^2}}$

$=\dfrac{1}{2}$ 　　답 ②

빈출 유형 마무리　　본문 12~13쪽

01 ②	**02** ②	**03** ④	**04** ①	**05** ②	**06** 4
07 ②	**08** 2	**09** ④	**10** 5	**11** ③	**12** ⑤
13 4	**14** ①	**15** ④	**16** ④		

01

$\lim\limits_{x\to1}f(x)$의 값이 존재하려면 $\lim\limits_{x\to1-}f(x)=\lim\limits_{x\to1+}f(x)$ 이어야 하므로

$\lim\limits_{x\to1-}f(x)=\lim\limits_{x\to1-}\dfrac{\sqrt{x}-1}{x-1}$

$=\lim\limits_{x\to1-}\dfrac{(\sqrt{x}-1)(\sqrt{x}+1)}{(x-1)(\sqrt{x}+1)}$

$=\lim\limits_{x\to1-}\dfrac{x-1}{(x-1)(\sqrt{x}+1)}$

$=\lim\limits_{x\to1-}\dfrac{1}{\sqrt{x}+1}$

$=\dfrac{1}{2}$

$\lim\limits_{x\to1+}f(x)=\lim\limits_{x\to1+}(x+k)=1+k$

$\dfrac{1}{2}=1+k$ 　　$\therefore k=-\dfrac{1}{2}$ 　　답 ②

02

주어진 그래프에서

$\lim\limits_{x\to0-}f(x)=0,\ \lim\limits_{x\to2+}f(x)=-1$이므로

$\lim\limits_{x\to0-}f(x)+\lim\limits_{x\to2+}f(x)=0+(-1)=-1$ 　　답 ②

03

$x\to1+$일 때, $g(x)\to2-$이므로

$g(x)=t$로 놓으면

$\lim\limits_{x\to1+}f(g(x))=\lim\limits_{t\to2-}f(t)=0$

$x\to1-$일 때, $g(x)\to1+$이므로

$g(x)=t$로 놓으면

$\lim\limits_{x\to1-}f(g(x))=\lim\limits_{t\to1+}f(t)=1$

$\therefore \lim\limits_{x\to1+}f(g(x))+\lim\limits_{x\to1-}f(g(x))=0+1=1$ 　　답 ④

04

$\lim\limits_{x\to1}\dfrac{1}{x-1}\left(\dfrac{x^2+5}{x+1}-3\right)$

$=\lim\limits_{x\to1}\dfrac{1}{x-1}\left\{\dfrac{x^2+5}{x+1}-\dfrac{3(x+1)}{x+1}\right\}$

$=\lim\limits_{x\to1}\left(\dfrac{1}{x-1}\times\dfrac{x^2-3x+2}{x+1}\right)$

$=\lim\limits_{x\to1}\left\{\dfrac{1}{x-1}\times\dfrac{(x-1)(x-2)}{x+1}\right\}$

$=\lim\limits_{x\to1}\dfrac{x-2}{x+1}$

$=-\dfrac{1}{2}$ 　　답 ①

05

$\lim\limits_{x\to\infty}\dfrac{x-f(x)}{2+f(x)}=\lim\limits_{x\to\infty}\dfrac{1-\dfrac{f(x)}{x}}{\dfrac{2}{x}+\dfrac{f(x)}{x}}$

$=\dfrac{1-3}{0+3}=-\dfrac{2}{3}$ 　　답 ②

06

$\lim\limits_{x\to2}\dfrac{f(x)}{x^2-3x+2}=\lim\limits_{x\to2}\dfrac{f(x)}{(x-2)(x-1)}=3$이므로

$\lim\limits_{x\to2}\dfrac{f(x)}{x-2}=3\left(\because \lim\limits_{x\to2}\dfrac{1}{x-1}=1\right)$

$\lim\limits_{x\to2}\dfrac{g(x)}{2x^2-5x+2}=\lim\limits_{x\to2}\dfrac{g(x)}{(x-2)(2x-1)}=4$이므로

$\lim\limits_{x\to2}\dfrac{g(x)}{x-2}=12\left(\because \lim\limits_{x\to2}\dfrac{1}{2x-1}=\dfrac{1}{3}\right)$

$\therefore \lim\limits_{x\to2}\dfrac{g(x)}{f(x)}=\lim\limits_{x\to2}\dfrac{\dfrac{g(x)}{x-2}}{\dfrac{f(x)}{x-2}}=\dfrac{12}{3}=4$ 　　답 4

07

ㄱ. (거짓) [반례] $f(x)=x$, $g(x)=\dfrac{1}{x}$일 때,

$\displaystyle\lim_{x\to 0}f(x)=0$, $\displaystyle\lim_{x\to 0}f(x)g(x)=1$이지만 $\displaystyle\lim_{x\to 0}g(x)$의 값은 존재하지 않는다.

ㄴ. (참) $\displaystyle\lim_{x\to a}g(x)=\alpha$, $\displaystyle\lim_{x\to a}\dfrac{f(x)}{g(x)}=\beta$ (α, β는 실수)라 하면

$$\lim_{x\to a}f(x)=\lim_{x\to a}\left\{g(x)\times\dfrac{f(x)}{g(x)}\right\}$$
$$=\lim_{x\to a}g(x)\times\lim_{x\to a}\dfrac{f(x)}{g(x)}$$
$$=\alpha\beta$$

ㄷ. (거짓) [반례] $f(x)=\dfrac{|x|}{x}$, $g(x)=-\dfrac{|x|}{x}$일 때,

$\displaystyle\lim_{x\to 0-}f(x)=-1$, $\displaystyle\lim_{x\to 0+}f(x)=1$이고,

$\displaystyle\lim_{x\to 0-}g(x)=1$, $\displaystyle\lim_{x\to 0+}g(x)=-1$이므로

$\displaystyle\lim_{x\to 0}f(x)$, $\displaystyle\lim_{x\to 0}g(x)$의 값이 모두 존재하지 않지만

$\displaystyle\lim_{x\to 0}\{f(x)+g(x)\}=0$으로 $\displaystyle\lim_{x\to 0}\{f(x)+g(x)\}$의 값은 존재한다.

따라서 옳은 것은 ㄴ뿐이다.   답 ②

08

$x^2+3x<f(x)<2x^2+3x$에서

$4x^2+6x<f(2x)<8x^2+6x$이므로

$$\lim_{x\to 0+}\dfrac{4x^2+6x}{3x}\le\lim_{x\to 0+}\dfrac{f(2x)}{3x}\le\lim_{x\to 0+}\dfrac{8x^2+6x}{3x}$$

$$\lim_{x\to 0+}\dfrac{4x+6}{3}\le\lim_{x\to 0+}\dfrac{f(2x)}{3x}\le\lim_{x\to 0+}\dfrac{8x+6}{3}$$

이때, $\displaystyle\lim_{x\to 0+}\dfrac{4x+6}{3}=\lim_{x\to 0+}\dfrac{8x+6}{3}=2$이므로

$2\le\displaystyle\lim_{x\to 0+}\dfrac{f(2x)}{3x}\le 2$ $\therefore\ \displaystyle\lim_{x\to 0+}\dfrac{f(2x)}{3x}=2$ 답 2

09

$x>0$이므로 $\dfrac{x}{\sqrt{4x^2+2x}}<x^2f(x)<\dfrac{1}{2}$이고

$$\lim_{x\to\infty}\dfrac{x}{\sqrt{4x^2+2x}}=\lim_{x\to\infty}\dfrac{1}{\sqrt{4+\dfrac{2}{x}}}=\dfrac{1}{2}$$이므로

$$\lim_{x\to\infty}x^2f(x)=\dfrac{1}{2}$$ 답 ④

10

$\displaystyle\lim_{x\to -1}\dfrac{x^2+(a+1)x+a}{x^2-b}=2$에서 $x\to -1$일 때, (분자)$\to 0$이고

0이 아닌 극한값이 존재하므로 (분모)$\to 0$이어야 한다.

즉, $\displaystyle\lim_{x\to -1}(x^2-b)=1-b=0$

$\therefore\ b=1$ ……㉠

㉠을 주어진 식에 대입하면

$$\lim_{x\to -1}\dfrac{x^2+(a+1)x+a}{x^2-1}=\lim_{x\to -1}\dfrac{(x+1)(x+a)}{(x+1)(x-1)}$$
$$=\lim_{x\to -1}\dfrac{x+a}{x-1}$$
$$=\dfrac{-1+a}{-2}=2$$

$-1+a=-4$ $\therefore\ a=-3$

$\therefore\ \displaystyle\lim_{x\to 2}\dfrac{x^2+bx+2a}{x-2}=\lim_{x\to 2}\dfrac{x^2+x-6}{x-2}$
$$=\lim_{x\to 2}\dfrac{(x-2)(x+3)}{x-2}$$
$$=\lim_{x\to 2}(x+3)$$
$$=5$$ 답 5

11

$\displaystyle\lim_{x\to -1}\dfrac{\sqrt{x^2-x+2}-ax}{x+1}=b$에서 $x\to -1$일 때, (분모)$\to 0$이고 극한값이 존재하므로 (분자)$\to 0$이어야 한다.

즉, $\displaystyle\lim_{x\to -1}(\sqrt{x^2-x+2}-ax)=2+a=0$

$\therefore\ a=-2$ ……㉠

㉠을 주어진 식에 대입하면

$$\lim_{x\to -1}\dfrac{\sqrt{x^2-x+2}+2x}{x+1}$$
$$=\lim_{x\to -1}\dfrac{(\sqrt{x^2-x+2}+2x)(\sqrt{x^2-x+2}-2x)}{(x+1)(\sqrt{x^2-x+2}-2x)}$$
$$=\lim_{x\to -1}\dfrac{(x^2-x+2)-4x^2}{(x+1)(\sqrt{x^2-x+2}-2x)}$$
$$=\lim_{x\to -1}\dfrac{(x+1)(-3x+2)}{(x+1)(\sqrt{x^2-x+2}-2x)}$$
$$=\lim_{x\to -1}\dfrac{-3x+2}{\sqrt{x^2-x+2}-2x}$$
$$=\dfrac{5}{4}=b$$

$\therefore\ a+b=-2+\dfrac{5}{4}=-\dfrac{3}{4}$ 답 ③

12

$\displaystyle\lim_{x\to 2}\dfrac{f(x)}{x^2+x-6}=\alpha$에서 $x\to 2$일 때, (분모)$\to 0$이고 극한값이 존재하므로 (분자)$\to 0$이어야 한다.

즉, $\displaystyle\lim_{x\to 2}f(x)=f(2)=0$이므로 $f(x)$는 $x-2$를 인수로 갖는다.

또한 $\displaystyle\lim_{x\to -1}\dfrac{f(x)}{x^2-1}=\beta$에서 $x\to -1$일 때, (분모)$\to 0$이고 극한값이 존재하므로 (분자)$\to 0$이어야 한다.

즉, $\displaystyle\lim_{x\to -1}f(x)=f(-1)=0$이므로 $f(x)$는 $x+1$을 인수로 갖는다.

$f(x)=k(x-2)(x+1)$ (k는 0이 아닌 상수)로 놓으면

$$\lim_{x\to 2}\dfrac{f(x)}{x^2+x-6}=\lim_{x\to 2}\dfrac{k(x-2)(x+1)}{(x-2)(x+3)}$$
$$=\lim_{x\to 2}\dfrac{k(x+1)}{x+3}$$

$$= \frac{3k}{5} = a$$

$$\lim_{x \to -1} \frac{f(x)}{x^2-1} = \lim_{x \to -1} \frac{k(x-2)(x+1)}{(x-1)(x+1)}$$

$$= \lim_{x \to -1} \frac{k(x-2)}{x-1}$$

$$= \frac{3k}{2} = \beta$$

$$\therefore \frac{\beta}{\alpha} = \frac{\dfrac{3k}{2}}{\dfrac{3k}{5}} = \frac{5}{2}$$

답 ⑤

13

$\lim\limits_{x \to \infty} \dfrac{f(x)-2x^3}{x^2} = 3$에서 $f(x)$는 삼차식이고, 삼차항의 계수는 2이다. 또한 극한값이 3이므로 이차항의 계수는 3이다.

또한 $\lim\limits_{x \to 0} \dfrac{f(x)}{x} = -1$에서 $f(x)$는 x를 인수로 가지므로 상수항은 0이다.

$f(x) = 2x^3 + 3x^2 + ax$ (a는 상수)로 놓으면

$$\lim_{x \to 0} \frac{f(x)}{x} = \lim_{x \to 0} \frac{2x^3 + 3x^2 + ax}{x}$$

$$= \lim_{x \to 0} (2x^2 + 3x + a)$$

$$= a = -1$$

따라서 $f(x) = 2x^3 + 3x^2 - x$이므로

$f(1) = 4$

답 4

14

직선 l의 방정식은 $y = -\dfrac{1}{2}x + 1$

직선 PQ의 방정식은 $y = -2x + 2t$

$-\dfrac{1}{2}x + 1 = -2x + 2t$에서 $\dfrac{3}{2}x = 2t - 1$

$$\therefore x = \frac{4}{3}t - \frac{2}{3}$$

따라서 점 R의 y좌표는 $-\dfrac{2}{3}t + \dfrac{4}{3}$이므로

$$S(t) = \frac{1}{2} \times t \times \left(-\frac{2}{3}t + \frac{4}{3}\right) = -\frac{1}{3}t^2 + \frac{2}{3}t$$

$$\therefore \lim_{t \to 0+} \frac{S(t)}{t} = \lim_{t \to 0+} \frac{-\dfrac{1}{3}t^2 + \dfrac{2}{3}t}{t}$$

$$= \lim_{t \to 0+} \left(-\frac{1}{3}t + \frac{2}{3}\right)$$

$$= \frac{2}{3}$$

답 ①

15

주어진 그래프에서 $\lim\limits_{x \to -1-} f(x) = 2$, $\lim\limits_{x \to 1+} f(x) = 1$이므로

$$\lim_{x \to -1-} f(x) - \lim_{x \to 1+} f(x) = 2 - 1 = 1$$

답 ④

16

$\lim\limits_{x \to a} f(x) \neq 0$이면

$\lim\limits_{x \to a} \dfrac{f(x)-(x-a)}{f(x)+(x-a)} = 1 \neq \dfrac{3}{5}$이므로

$\lim\limits_{x \to a} f(x) = 0$ $\quad \therefore f(a) = 0$

따라서 $f(x) = (x-a)(x-b)$ (b는 상수)로 놓으면

$\lim\limits_{x \to a} \dfrac{f(x)-(x-a)}{f(x)+(x-a)} = \dfrac{3}{5}$에서

$$\lim_{x \to a} \frac{(x-a)(x-b)-(x-a)}{(x-a)(x-b)+(x-a)} = \lim_{x \to a} \frac{(x-a)\{(x-b)-1\}}{(x-a)\{(x-b)+1\}}$$

$$= \frac{3}{5}$$

$\dfrac{a-b-1}{a-b+1} = \dfrac{3}{5}$

$5a - 5b - 5 = 3a - 3b + 3$

$2a - 2b = 8$

$\therefore a - b = 4$

이때, 두 상수 a, b는 방정식 $f(x) = 0$의 두 근이므로

$|\alpha - \beta| = |a - b| = 4$

답 ④

02 | 함수의 연속

유형 01

주어진 그래프에서

ㄱ. (거짓) $\lim\limits_{x\to 1} f(x)=2$, $f(1)=1$이므로

　　$\lim\limits_{x\to 1} f(x) \neq f(1)$

　　즉, 함수 $f(x)$는 $x=1$에서 불연속이다.

ㄴ. (참) $\lim\limits_{x\to 1}\{f(x)\}^2 = \lim\limits_{x\to 1} f(x) \times \lim\limits_{x\to 1} f(x)$

　　　　　　　　　$=2\times 2=4$

ㄷ. (거짓) $x+1=t$로 치환하면 $x\to 0$일 때, $t\to 1$이므로

　　$\lim\limits_{x\to 0} f(x+1) = \lim\limits_{t\to 1} f(t)=2$

　　$f(0+1)=f(1)=1$

　　즉, 함수 $f(x+1)$은 $x=0$에서 불연속이다.

따라서 옳은 것은 ㄴ뿐이다.　　　　　　달 ②

01-1

주어진 그래프에서

ㄱ. (참) $x\to 0-$일 때, $f(x)\to 1-$이므로

　　$f(x)=t$로 치환하면

　　$\lim\limits_{x\to 0-}(g\circ f)(x) = \lim\limits_{x\to 0-} g(f(x))$

　　　　　　　　　　$= \lim\limits_{t\to 1-} g(t)=0$

ㄴ. (거짓) $x\to 1$일 때, $f(x)\to 1-$이므로

　　$f(x)=t$로 치환하면

　　$\lim\limits_{x\to 1}(g\circ f)(x) = \lim\limits_{x\to 1} g(f(x))$

　　　　　　　　　　$= \lim\limits_{t\to 1-} g(t)=0$

ㄷ. (거짓) $(g\circ f)(1)=g(f(1))=g(0)=2$이고

　　ㄴ에서 $\lim\limits_{x\to 1}(g\circ f)(x)=0$이므로

　　$(g\circ f)(1) \neq \lim\limits_{x\to 1}(g\circ f)(x)$

　　즉, 함수 $(g\circ f)(x)$는 $x=1$에서 불연속이다.

따라서 옳은 것은 ㄱ뿐이다.　　　　　　달 ①

유형 02

$x\neq 3$일 때, $f(x)=\dfrac{\sqrt{-2x+a}-2}{x-3}$　　　…… ㉠

함수 $f(x)$가 $x=3$에서 연속이므로

$\lim\limits_{x\to 3} f(x)=f(3)$

$\lim\limits_{x\to 3} f(x)=\lim\limits_{x\to 3}\dfrac{\sqrt{-2x+a}-2}{x-3}$에서 $x\to 3$일 때, (분모)$\to 0$이고

극한값이 존재하므로 (분자)$\to 0$이어야 한다.

즉, $\lim\limits_{x\to 3}(\sqrt{-2x+a}-2)=\sqrt{-6+a}-2=0$

$\therefore a=10$　　　　　　　　　　…… ㉡

㉡을 ㉠에 대입하면

$\lim\limits_{x\to 3}\dfrac{\sqrt{-2x+10}-2}{x-3}$

$=\lim\limits_{x\to 3}\dfrac{(\sqrt{-2x+10}-2)(\sqrt{-2x+10}+2)}{(x-3)(\sqrt{-2x+10}+2)}$

$=\lim\limits_{x\to 3}\dfrac{(-2x+10)-4}{(x-3)(\sqrt{-2x+10}+2)}$

$=\lim\limits_{x\to 3}\dfrac{-2(x-3)}{(x-3)(\sqrt{-2x+10}+2)}$

$=\lim\limits_{x\to 3}\dfrac{-2}{\sqrt{-2x+10}+2}=-\dfrac{1}{2}$

$\therefore f(3)=-\dfrac{1}{2}$

$\therefore a+f(3)=10+\left(-\dfrac{1}{2}\right)=\dfrac{19}{2}$　　　달 ④

02-1

함수 $f(x)$가 모든 실수 x에서 연속이 되려면 $|x|=2$에서 연속이어야 한다. 즉, $x=2$, $x=-2$에서 연속이어야 한다.

(i) $x=2$에서 연속이려면 $\lim\limits_{x\to 2} f(x)=f(2)$이어야 한다.

　　$\lim\limits_{x\to 2-} f(x)=2(2-b)=4-2b$

　　$\lim\limits_{x\to 2+} f(x)=2+a$

　　$f(2)=2+a$이므로 $4-2b=2+a$

　　$\therefore a+2b=2$　　　　　　　…… ㉠

(ii) $x=-2$에서 연속이려면 $\lim\limits_{x\to -2} f(x)=f(-2)$이어야 한다.

　　$\lim\limits_{x\to -2-} f(x)=-2+a$

　　$\lim\limits_{x\to -2+} f(x)=-2(-2-b)=4+2b$

　　$f(-2)=-2+a$이므로 $-2+a=4+2b$

　　$\therefore a-2b=6$　　　　　　　…… ㉡

㉠, ㉡을 연립하여 풀면

$a=4$, $b=-1$

$\therefore a+b=4+(-1)=3$　　　　　달 ②

유형 03

함수 $f(x)$는 $x\neq 2$인 모든 실수에서 연속이고, 함수 $g(x)$는 실수 전체의 집합에서 연속이므로 함수 $f(x)g(x)$가 실수 전체의 집합에서 연속이려면 $x=2$에서 연속이면 된다.

즉, $\lim\limits_{x\to 2} f(x)g(x)=f(2)g(2)$이어야 하므로

$\lim\limits_{x\to 2} f(x)g(x)=\lim\limits_{x\to 2}(x-2)^2(x+2k)=0$

$f(2)g(2)=2\times(2+2k)$

에서 $2+2k=0$

$\therefore k=-1$　　　　　　　　　　달 ②

03-1

함수 $f(x)$는 $x\neq 1$인 모든 실수에서 연속이고, 함수 $g(x)$는 실수 전체의 집합에서 연속이므로 함수 $f(x)g(x)$가 실수 전체의 집합에서 연속이려면 $x=1$에서 연속이면 된다.

$$\lim_{x \to 1+} f(x)g(x) = \lim_{x \to 1+} (x-1)^2(x-k) = 0$$

$$\lim_{x \to 1-} f(x)g(x) = \lim_{x \to 1-} 2x(x-k) = 2(1-k)$$

$$f(1)g(1) = 2(1-k)$$

함수 $f(x)g(x)$가 $x=1$에서 연속이려면

$$\lim_{x \to 1} f(x)g(x) = f(1)g(1)$$이어야 하므로

$$2 - 2k = 0 \qquad \therefore k = 1$$ **답** ④

03-2

$x<2$일 때 $f(x) = x^2 - 4x + 8 = (x-2)^2 + 4 > 0$

$x \geq 2$일 때 $f(x) = 3 > 0$

이므로 실수 전체의 집합에서 $f(x) \neq 0$이다.

또한

$$\lim_{x \to 2+} f(x) = \lim_{x \to 2+} 3 = 3$$

$$\lim_{x \to 2-} f(x) = \lim_{x \to 2-} (x^2 - 4x + 8) = 4$$

에서 $\lim_{x \to 2} f(x)$의 값이 존재하지 않으므로 함수 $f(x)$는 $x=2$에서

만 불연속이다.

한편, 함수 $g(x)$는 실수 전체의 집합에서 연속이므로 함수 $\dfrac{g(x)}{f(x)}$

가 실수 전체의 집합에서 연속이려면 $x=2$에서 연속이어야 한다.

즉, $\lim_{x \to 2} \dfrac{g(x)}{f(x)} = \dfrac{g(2)}{f(2)}$이어야 하므로

$$\lim_{x \to 2+} \frac{g(x)}{f(x)} = \lim_{x \to 2+} \frac{ax+1}{3} = \frac{2a+1}{3}$$

$$\lim_{x \to 2-} \frac{g(x)}{f(x)} = \lim_{x \to 2-} \frac{ax+1}{x^2-4x+8} = \frac{2a+1}{4}$$

$$\frac{g(2)}{f(2)} = \frac{2a+1}{3}$$

에서 $\dfrac{2a+1}{4} = \dfrac{2a+1}{3}$

$$8a + 4 = 6a + 3 \qquad \therefore a = -\frac{1}{2}$$ **답** ②

유형 04

$f(x) = x^3 + 3x - 8$로 놓으면 $f(x)$는 모든 실수 x에 대하여 연속

이다.

$f(0) = -8 < 0$, $f(1) = -4 < 0$, $f(2) = 6 > 0$,

$f(3) = 28 > 0$, $f(4) = 68 > 0$, $f(5) = 132 > 0$

이때, $f(1)f(2) < 0$이다. 따라서 사잇값의 정리에 의하여 방정식

$f(x) = 0$은 열린구간 $(1, 2)$에서 하나의 실근을 갖는다. **답** ②

04-1

$f(x) = x^3 - x^2 + 2x + 1$로 놓으면 $f(x)$는 모든 실수 x에 대하여

연속이다.

$f(-2) = -15 < 0$, $f(-1) = -3 < 0$, $f(0) = 1 > 0$,

$f(1) = 3 > 0$, $f(2) = 9 > 0$, $f(3) = 25 > 0$

이때, $f(-1)f(0) < 0$이다. 따라서 사잇값의 정리에 의하여 방정

식 $f(x) = 0$은 열린구간 $(-1, 0)$에서 하나의 실근을 갖는다.

답 ②

01 ⑤	**02** ④	**03** ②	**04** 13	**05** ①	**06** 2
07 3	**08** 1	**09** ③	**10** ②	**11** ④	**12** 4
13 24	**14** ④				

01

ㄱ. $\lim_{x \to 0-} f(x)f(x+1) = 1 \times (-1) = -1$

$\lim_{x \to 0+} f(x)f(x+1) = -1 \times 1 = -1$

$f(0)f(1) = 1 \times (-1) = -1$

즉, 함수 $y = f(x)f(x+1)$은 $x=0$에서 연속이다.

ㄴ. 함수 $f(x)$가 $x=0$, $x=1$에서 모두 연속이므로 함수

$y = f(x)f(x+1)$은 $x=0$에서 연속이다.

ㄷ. $\lim_{x \to 0-} f(x)f(x+1) = -1 \times 0 = 0$

$\lim_{x \to 0+} f(x)f(x+1) = 1 \times 0 = 0$

$f(0)f(1) = -1 \times 0 = 0$

즉, 함수 $y = f(x)f(x+1)$은 $x=0$에서 연속이다.

따라서 함수 $y = f(x)f(x+1)$이 $x=0$에서 연속이 되는 함수

$y = f(x)$의 그래프는 ㄱ, ㄴ, ㄷ이다. **답** ⑤

02

ㄱ. (참) $\lim_{x \to 1} f(x) = 1$

$-x = t$로 치환하면 $x \to 1$일 때, $t \to -1$이므로

$\lim_{x \to 1} g(-x) = \lim_{t \to -1} g(t) = 1$

$\therefore \lim_{x \to 1} \{f(x) + g(-x)\} = 1 + 1 = 2$

ㄴ. (거짓) $\lim_{x \to 0-} f(x) = 0$, $\lim_{x \to 0-} g(x) = 2$이므로

$\lim_{x \to 0-} f(x)g(x) = 0 \times 2 = 0$

$\lim_{x \to 0+} f(x) = 2$, $\lim_{x \to 0+} g(x) = 2$이므로

$\lim_{x \to 0+} f(x)g(x) = 2 \times 2 = 4$

즉, $\lim_{x \to 0-} f(x)g(x) \neq \lim_{x \to 0+} f(x)g(x)$이므로

$\lim_{x \to 0} f(x)g(x)$의 값은 존재하지 않는다.

따라서 함수 $f(x)g(x)$는 $x=0$에서 불연속이다.

ㄷ. (참) $x \to -1-$일 때, $f(x) \to 1-$이므로 $f(x) = t$라 하면

$\lim_{x \to -1-} g(f(x)) = \lim_{t \to 1-} g(t) = 1$

$x \to -1+$일 때, $f(x) \to 1-$이므로 $f(x) = t$라 하면

$\lim_{x \to -1+} g(f(x)) = \lim_{t \to 1-} g(t) = 1$

$\therefore \lim_{x \to -1} g(f(x)) = 1$

따라서 옳은 것은 ㄱ, ㄷ이다. **답** ④

03

주어진 그래프에서

ㄱ. $\lim_{x \to 1-} xf(x) = 1 \times (-1) = -1$, $\lim_{x \to 1+} xf(x) = 1 \times 1 = 1$

즉, $\lim_{x \to 1-} xf(x) \neq \lim_{x \to 1+} xf(x)$이므로 함수 $xf(x)$는 $x=1$에

서 불연속이다.

ㄴ. $\lim_{x \to 1-} (x-1)f(x)=0 \times (-1)=0$

$\quad \lim_{x \to 1+} (x-1)f(x)=0 \times 1=0$

$\quad (1-1)f(1)=0 \times 1=0$

즉, 함수 $(x-1)f(x)$는 $x=1$에서 연속이다.

ㄷ. $-x=t$로 치환하면

$\quad \lim_{x \to 1-} f(-x)=\lim_{t \to -1+} f(t)=-1$,

$\quad \lim_{x \to 1+} f(-x)=\lim_{t \to -1-} f(t)=-1$

이므로 $\lim_{x \to 1-} f(x)f(-x)=-1 \times (-1)=1$,

$\quad \lim_{x \to 1+} f(x)f(-x)=1 \times (-1)=-1$

즉, $\lim_{x \to 1-} f(x)f(-x) \neq \lim_{x \to 1+} f(x)f(-x)$이므로 함수

$f(x)f(-x)$는 $x=1$에서 불연속이다.

따라서 $x=1$에서 연속인 함수는 ㄴ뿐이다. **탭 ②**

04

$x \neq 1$일 때, $f(x)=\dfrac{x^2+5x-a}{x-1}$ $\qquad \cdots\cdots$ ㉠

함수 $f(x)$가 모든 실수 x에서 연속이므로 $x=1$에서도 연속이다.

즉, $\lim_{x \to 1} f(x)=f(1)$

$\lim_{x \to 1} f(x)=\lim_{x \to 1} \dfrac{x^2+5x-a}{x-1}$에서 $x \to 1$일 때, (분모)$\to 0$이고

극한값이 존재하므로 (분자)$\to 0$이어야 한다.

즉, $\lim_{x \to 1} (x^2+5x-a)=6-a=0$

$\therefore a=6$ $\qquad \cdots\cdots$ ㉡

㉡을 ㉠에 대입하면

$\lim_{x \to 1} \dfrac{x^2+5x-6}{x-1}=\lim_{x \to 1} \dfrac{(x-1)(x+6)}{x-1}$

$\qquad\qquad\qquad\quad =\lim_{x \to 1}(x+6)=7$

$\therefore f(1)=7$

$\therefore a+f(1)=6+7=13$ **탭 13**

05

$\lim_{x \to 2-} [x]=1$이므로

$\lim_{x \to 2-} f(x)=\lim_{x \to 2-} (a[x]^2-3[x]+2)=a-1$

$\lim_{x \to 2+} [x]=2$이므로

$\lim_{x \to 2+} f(x)=\lim_{x \to 2+} (a[x]^2-3[x]+2)=4a-4$

$f(2)=4a-4$

이때, 함수 $f(x)$가 $x=2$에서 연속이 되려면

$a-1=4a-4$ $\quad \therefore a=1$ **탭 ①**

06

함수 $f(x)$가 실수 전체의 집합에서 연속이므로 $x=-3$, $x=1$에서도 연속이다.

$x=-3$에서 연속이므로

$\lim_{x \to -3-} f(x)=\lim_{x \to -3-} (3x+a)=-9+a$

$\lim_{x \to -3+} f(x)=\lim_{x \to -3+} (x^3+b)=-27+b$

$f(-3)=-9+a$이므로 $-9+a=-27+b$

$\therefore a-b=-18$ $\qquad \cdots\cdots$ ㉠

또한 $x=1$에서 연속이므로

$\lim_{x \to 1-} f(x)=\lim_{x \to 1-} (x^3+b)=1+b$

$\lim_{x \to 1+} f(x)=\lim_{x \to 1+} (-x^2+c)=-1+c$

$f(1)=-1+c$이므로 $1+b=-1+c$

$\therefore b-c=-2$ $\qquad \cdots\cdots$ ㉡

이때, $f(-1)=-1+b=5$이므로 $b=6$

$b=6$을 ㉠, ㉡에 각각 대입하면 $a=-12$, $c=8$

$\therefore a+b+c=-12+6+8=2$ **탭 2**

07

함수 $g(x)$가 모든 실수 x에서 연속이므로 $x=1$에서도 연속이다.

즉, $\lim_{x \to 1} g(x)=g(1)$

$\lim_{x \to 1} g(x)=\lim_{x \to 1} \dfrac{f(x)-x^3}{(x-1)^2}$에서 $x \to 1$일 때, (분모)$\to 0$이고 극한값이 존재하므로 (분자)$\to 0$이어야 한다.

즉, $f(x)-x^3$은 $(x-1)^2$을 인수로 갖는다.

또한 $\lim_{x \to \infty} g(x)=\lim_{x \to \infty} \dfrac{f(x)-x^3}{(x-1)^2}=3$이므로 $f(x)-x^3$은 최고차항의 계수가 3인 이차함수이다.

$\therefore f(x)-x^3=3(x-1)^2$

$\lim_{x \to 1} \dfrac{f(x)-x^3}{(x-1)^2}=\lim_{x \to 1} \dfrac{3(x-1)^2}{(x-1)^2}=\lim_{x \to 1} 3=3$

따라서 $g(1)=3$이므로

$k=3$ **탭 3**

08

함수 $f(x)$가 모든 실수 x에서 연속이려면 $x=-1$에서 연속이어야 하므로

$\lim_{x \to -1} f(x)=f(-1)$에서

$\lim_{x \to -1} \dfrac{\sqrt{x^2+a}+b}{x+1}=-\dfrac{1}{2}$ $\qquad \cdots\cdots$ ㉠

$x \to -1$일 때 (분모)$\to 0$이고 극한값이 존재하므로 (분자)$\to 0$이어야 한다.

즉, $\lim_{x \to -1} (\sqrt{x^2+a}+b)=\sqrt{1+a}+b=0$

$\therefore b=-\sqrt{1+a}$ $\qquad \cdots\cdots$ ㉡

㉡을 ㉠의 좌변에 대입하면

$\lim_{x \to -1} \dfrac{\sqrt{x^2+a}-\sqrt{1+a}}{x+1}$

$=\lim_{x \to -1} \dfrac{(\sqrt{x^2+a}-\sqrt{1+a})(\sqrt{x^2+a}+\sqrt{1+a})}{(x+1)(\sqrt{x^2+a}+\sqrt{1+a})}$

$=\lim_{x \to -1} \dfrac{(x+1)(x-1)}{(x+1)(\sqrt{x^2+a}+\sqrt{1+a})}$

$=\lim_{x \to -1} \dfrac{x-1}{\sqrt{x^2+a}+\sqrt{1+a}}$

$=\dfrac{-2}{2\sqrt{1+a}}=-\dfrac{1}{\sqrt{1+a}}$

즉, $-\dfrac{1}{\sqrt{1+a}}=-\dfrac{1}{2}$이므로

$1+a=4$ $\therefore a=3$

$a=3$을 ㉡에 대입하면 $b=-2$

$\therefore a+b=3+(-2)=1$ 　　　　　답 1

09

이차함수 $g(x)$는 실수 전체의 집합에서 연속이고 함수 $f(x)$는 $x\neq0$, $x\neq-1$인 모든 실수에서 연속이므로 함수 $f(x)g(x)$가 실수 전체의 집합에서 연속이려면 $x=0$, $x=-1$에서 연속이면 된다.

(i) $x=0$에서 연속이려면 $\lim\limits_{x\to0}f(x)g(x)=f(0)g(0)$이어야 한다.

$\lim\limits_{x\to0+}f(x)g(x)=\lim\limits_{x\to0+}(x-1)g(x)=-g(0)$

$\lim\limits_{x\to0-}f(x)g(x)=\lim\limits_{x\to0-}(-x-1)g(x)=-g(0)$

$f(0)g(0)=g(0)$이므로 $g(0)=-g(0)$

$\therefore g(0)=0$

(ii) $x=-1$에서 연속이려면 $\lim\limits_{x\to-1}f(x)g(x)=f(-1)g(-1)$이어야 한다.

$\lim\limits_{x\to-1+}f(x)g(x)=\lim\limits_{x\to-1+}(-x-1)g(x)=0$

$\lim\limits_{x\to-1-}f(x)g(x)=\lim\limits_{x\to-1-}(-x-1)g(x)=0$

$f(-1)g(-1)=g(-1)$이므로 $g(-1)=0$

함수 $g(x)$는 최고차항의 계수가 1인 이차함수이므로

$g(x)=x(x+1)$

$\therefore g(3)=3\times4=12$ 　　　　　답 ③

10

ㄱ. $\lim\limits_{x\to1+}\{f(x)+g(x)\}=\lim\limits_{x\to1+}\{(x-1)+(x^2-4x+3)\}=0$

$\lim\limits_{x\to1-}\{f(x)+g(x)\}=\lim\limits_{x\to1-}\{(x^2-3x)+(x^2-4x+3)\}$
$=-2$

에서

$\lim\limits_{x\to1+}\{f(x)+g(x)\}\neq\lim\limits_{x\to1-}\{f(x)+g(x)\}$

따라서 $\lim\limits_{x\to1}\{f(x)+g(x)\}$의 값이 존재하지 않으므로 함수 $f(x)+g(x)$는 $x=1$에서 불연속이다.

ㄴ. $\lim\limits_{x\to1+}f(x)g(x)=\lim\limits_{x\to1+}(x-1)(x^2-4x+3)=0$

$\lim\limits_{x\to1-}f(x)g(x)=\lim\limits_{x\to1-}(x^2-3x)(x^2-4x+3)=0$

$f(1)g(1)=0$에서 $\lim\limits_{x\to1}f(x)g(x)=f(1)g(1)$이므로 함수 $f(x)g(x)$는 $x=1$에서 연속이다.

따라서 함수 $f(x)g(x)$는 실수 전체의 집합에서 연속이다.

ㄷ. $g(1)=g(3)=0$에서 함수 $\dfrac{f(x)}{g(x)}$는 $x=1$, 3에서 정의되지 않으므로 함수 $\dfrac{f(x)}{g(x)}$는 $x=1$, 3에서 불연속이다.

따라서 실수 전체의 집합에서 연속인 함수는 ㄴ이다. 　　　答 ②

11

방정식 $f(x)-2x=0$에서 $g(x)=f(x)-2x$라 하면 $f(x)$가 연속함수이므로 $g(x)$도 연속함수이다.

$g(0)=2-0=2>0$, $g(1)=5-2=3>0$,

$g(2)=4-4=0$, $g(3)=10-6=4>0$,

$g(4)=0-8=-8<0$, $g(5)=4-10=-6<0$

$g(2)=0$이므로 방정식 $g(x)=0$의 한 실근은 $x=2$이고,

$g(3)>0$, $g(4)<0$이므로 사잇값의 정리에 의하여 방정식 $g(x)=0$은 열린구간 $(3,4)$에서 하나의 실근을 갖는다.

따라서 방정식 $f(x)=2x$의 실근이 존재하는 구간은 열린구간 $(3,4)$이다. 　　　答 ④

12

연속함수 $f(x)$에 대하여 $f(x)=f(-x)$이므로

$f(0)f(-2)=f(0)f(2)<0$

$f(2)f(3)=f(-2)f(-3)>0$

$f(-3)f(-4)=f(3)f(4)<0$

즉, 사잇값의 정리에 의하여 방정식 $f(x)=0$은 열린구간 $(-4,-3)$, $(-2,0)$, $(0,2)$, $(3,4)$에서 각각 적어도 하나의 실근을 갖는다.

따라서 열린구간 $(-4,4)$에서 방정식 $f(x)=0$의 실근의 개수의 최솟값은 4이다. 　　　答 4

13

이차함수 $f(x)$에 대하여 함수 $\dfrac{x}{f(x)}$는 $f(x)=0$을 만족시키는 x의 값에서만 불연속이므로 조건 (가)에 의하여 $f(1)=0$, $f(2)=0$이다.

$f(x)=a(x-1)(x-2)$ (a는 0이 아닌 상수)라 하면 조건 (나)에서

$\lim\limits_{x\to2}\dfrac{f(x)}{x-2}=\lim\limits_{x\to2}\dfrac{a(x-1)(x-2)}{x-2}=a=4$

즉, $f(x)=4(x-1)(x-2)$이므로

$f(4)=4\times3\times2=24$ 　　　　　答 24

14

함수 $\dfrac{g(x)}{f(x)}$가 실수 전체의 집합에서 연속이려면 $x=2$에서 연속이어야 하므로 $\lim\limits_{x\to2}\dfrac{g(x)}{f(x)}=\dfrac{g(2)}{f(2)}$이어야 한다.

$\lim\limits_{x\to2-}\dfrac{g(x)}{f(x)}=\dfrac{2a+1}{2^2-4\times2+6}=\dfrac{2a+1}{2}$

$\lim\limits_{x\to2+}\dfrac{g(x)}{f(x)}=2a+1$, $\dfrac{g(2)}{f(2)}=2a+1$이므로

$\dfrac{2a+1}{2}=2a+1$, $2a+1=4a+2$

$\therefore a=-\dfrac{1}{2}$ 　　　　　答 ④

01 | 미분계수와 도함수

유형 01

함수 $f(x)=x^2+x$의 닫힌구간 $[1, 3]$에서의 평균변화율은

$$\frac{f(3)-f(1)}{3-1}=\frac{12-2}{2}=5$$

이고, $x=a$에서의 미분계수는

$$\lim_{x \to a}\frac{f(x)-f(a)}{x-a}$$
$$=\lim_{x \to a}\frac{(x^2+x)-(a^2+a)}{x-a}$$
$$=\lim_{x \to a}\frac{x^2-a^2+x-a}{x-a}$$
$$=\lim_{x \to a}\frac{(x-a)(x+a+1)}{x-a}$$
$$=2a+1$$

이므로 $2a+1=5$

$$\therefore a=2 \qquad\qquad 답 ②$$

01-1

함수 $f(x)=x^2+4x$에 대하여 x의 값이 -1에서 2까지 변할 때의 평균변화율은

$$\frac{f(2)-f(-1)}{2-(-1)}=\frac{12-(-3)}{3}=5$$

이고, $x=a$에서의 순간변화율은

$$\lim_{x \to a}\frac{f(x)-f(a)}{x-a}$$
$$=\lim_{x \to a}\frac{(x^2+4x)-(a^2+4a)}{x-a}$$
$$=\lim_{x \to a}\frac{x^2-a^2+4x-4a}{x-a}$$
$$=\lim_{x \to a}\frac{(x-a)(x+a+4)}{x-a}$$
$$=2a+4$$

이므로 $2a+4=5$

$$\therefore a=\frac{1}{2} \qquad\qquad 답 ①$$

유형 02

$$\lim_{h \to 0}\frac{f(1-3h)-f(1)}{h}$$
$$=\lim_{h \to 0}\frac{f(1-3h)-f(1)}{-3h}\times(-3)$$
$$=-3f'(1)$$
$$=-3\times 4$$
$$=-12 \qquad\qquad 답 ①$$

02-1

$$\lim_{h \to 0}\frac{f(a+3h)-f(a-2h)}{h}$$
$$=\lim_{h \to 0}\frac{f(a+3h)-f(a)+f(a)-f(a-2h)}{h}$$
$$=\lim_{h \to 0}\frac{\{f(a+3h)-f(a)\}-\{f(a-2h)-f(a)\}}{h}$$
$$=\lim_{h \to 0}\frac{f(a+3h)-f(a)}{3h}\times 3-\lim_{h \to 0}\frac{f(a-2h)-f(a)}{-2h}\times(-2)$$
$$=3f'(a)+2f'(a)$$
$$=5f'(a)$$
$$=5\times 2=10 \qquad\qquad 답 ③$$

02-2

$$\lim_{x \to 1}\frac{f(x)-xf(1)}{x-1}$$
$$=\lim_{x \to 1}\frac{f(x)-f(1)+f(1)-xf(1)}{x-1}$$
$$=\lim_{x \to 1}\frac{\{f(x)-f(1)\}-(x-1)f(1)}{x-1}$$
$$=\lim_{x \to 1}\frac{f(x)-f(1)}{x-1}-\lim_{x \to 1}\frac{(x-1)f(1)}{x-1}$$
$$=f'(1)-f(1)$$
$$=5-2=3 \qquad\qquad 답 ①$$

유형 03

ㄱ. $\lim_{x \to 1-}[x]=0$, $\lim_{x \to 1+}[x]=1$이므로 함수 $f(x)$는 $x=1$에서 불연속이다.

ㄴ. (i) $\lim_{x \to 1}g(x)=\lim_{x \to 1}|x-1|^2=0$이고, $g(1)=0$이므로 함수 $g(x)$는 $x=1$에서 연속이다.

　(ii) $\lim_{h \to 0+}\frac{g(1+h)-g(1)}{h}=\lim_{h \to 0+}\frac{|h|^2}{h}=\lim_{h \to 0+}h=0$

　　$\lim_{h \to 0-}\frac{g(1+h)-g(1)}{h}=\lim_{h \to 0-}\frac{|h|^2}{h}=\lim_{h \to 0-}h=0$

　　이므로 함수 $g(x)$는 $x=1$에서 미분가능하다.

ㄷ. (i) $\lim_{x \to 1}k(x)=\lim_{x \to 1}|x^2-1|=0$이고, $k(1)=0$이므로 함수 $k(x)$는 $x=1$에서 연속이다.

　(ii) $\lim_{h \to 0+}\frac{k(1+h)-k(1)}{h}=\lim_{h \to 0+}\frac{|h^2+2h|}{h}$
$$=\lim_{h \to 0+}\frac{h^2+2h}{h}$$
$$=\lim_{h \to 0+}(h+2)=2$$

　　$\lim_{h \to 0-}\frac{k(1+h)-k(1)}{h}=\lim_{h \to 0-}\frac{|h^2+2h|}{h}$
$$=\lim_{h \to 0-}\frac{-h^2-2h}{h}$$
$$=\lim_{h \to 0-}(-h-2)=-2$$

　　이므로 함수 $k(x)$는 $x=1$에서 미분가능하지 않다.

　즉, 함수 $k(x)$는 $x=1$에서 연속이지만 미분가능하지 않다.

따라서 $x=1$에서 연속이지만 미분가능하지 않은 함수는 ㄷ뿐이다. 답 ③

03-1

① (ⅰ) $\lim\limits_{x\to 0} f(x)=f(0)=2$이므로 함수 $f(x)$는 $x=0$에서 연속이다.

(ⅱ) $f'(0)=\lim\limits_{h\to 0}\dfrac{f(0+h)-f(0)}{h}=\lim\limits_{h\to 0}\dfrac{2-2}{h}=0$이므로 함수 $f(x)$는 $x=0$에서 미분가능하다.

즉, 함수 $f(x)$는 $x=0$에서 연속이고 미분가능하다.

② $f(0)$이 정의되지 않으므로 함수 $f(x)$는 $x=0$에서 불연속이다.

③ (ⅰ) $\lim\limits_{x\to 0} f(x)=\lim\limits_{x\to 0} x|x|=0$이고, $f(0)=0$이므로 함수 $f(x)$는 $x=0$에서 연속이다.

(ⅱ) $\lim\limits_{h\to 0+}\dfrac{f(0+h)-f(0)}{h}=\lim\limits_{h\to 0+}\dfrac{h|h|}{h}=\lim\limits_{h\to 0+}\dfrac{h^2}{h}$
$=\lim\limits_{h\to 0+} h=0$

$\lim\limits_{h\to 0-}\dfrac{f(0+h)-f(0)}{h}=\lim\limits_{h\to 0-}\dfrac{h|h|}{h}=\lim\limits_{h\to 0-}\dfrac{-h^2}{h}$
$=\lim\limits_{h\to 0-}(-h)=0$

이므로 함수 $f(x)$는 $x=0$에서 미분가능하다.

즉, 함수 $f(x)$는 $x=0$에서 연속이고 미분가능하다.

④ (ⅰ) $\lim\limits_{x\to 0} f(x)=\lim\limits_{x\to 0}\sqrt{x^2}=\lim\limits_{x\to 0}|x|=0$이고, $f(0)=0$이므로 함수 $f(x)$는 $x=0$에서 연속이다.

(ⅱ) $\lim\limits_{h\to 0+}\dfrac{f(0+h)-f(0)}{h}=\lim\limits_{h\to 0+}\dfrac{|h|}{h}=\lim\limits_{h\to 0+}\dfrac{h}{h}=1$

$\lim\limits_{h\to 0-}\dfrac{f(0+h)-f(0)}{h}=\lim\limits_{h\to 0-}\dfrac{|h|}{h}=\lim\limits_{h\to 0-}\dfrac{-h}{h}=-1$

이므로 함수 $f(x)$는 $x=0$에서 미분가능하지 않다.

즉, 함수 $f(x)$는 $x=0$에서 연속이지만 미분가능하지 않다.

⑤ $\lim\limits_{x\to 0+} f(x)=\lim\limits_{x\to 0+}\dfrac{|x|}{x}=\lim\limits_{x\to 0+}\dfrac{x}{x}=1$

$\lim\limits_{x\to 0-} f(x)=\lim\limits_{x\to 0-}\dfrac{|x|}{x}=\lim\limits_{x\to 0-}\dfrac{-x}{x}=-1$

이므로 $\lim\limits_{x\to 0} f(x)$의 값이 존재하지 않는다.

즉, 함수 $f(x)$는 $x=0$에서 불연속이다.

따라서 $x=0$에서 연속이지만 미분가능하지 않은 함수는 ④이다. 답 ④

유형 04

$\lim\limits_{h\to 0}\dfrac{f(3+h)-f(3-h)}{4h}$

$=\lim\limits_{h\to 0}\dfrac{f(3+h)-f(3)+f(3)-f(3-h)}{4h}$

$=\lim\limits_{h\to 0}\dfrac{f(3+h)-f(3)}{h}\times\dfrac{1}{4}-\lim\limits_{h\to 0}\dfrac{f(3-h)-f(3)}{-h}\times\left(-\dfrac{1}{4}\right)$

$=\dfrac{1}{4} f'(3)+\dfrac{1}{4} f'(3)$

$=\dfrac{1}{2} f'(3)$

이때, $f(x)=2x^2-4x+3$에서 $f'(x)=4x-4$이므로
$\dfrac{1}{2} f'(3)=\dfrac{1}{2}\times(12-4)=4$ 답 ④

04-1

$\lim\limits_{h\to 0}\dfrac{f(h)}{h}=2$에서 극한값이 존재하고, $h\to 0$일 때 (분모)$\to 0$이므로 (분자)$\to 0$이어야 한다.

즉, $\lim\limits_{h\to 0} f(h)=0$이므로 $f(0)=0$

$\therefore f(0)=b=0$

$\lim\limits_{h\to 0}\dfrac{f(h)}{h}=\lim\limits_{h\to 0}\dfrac{f(0+h)-f(0)}{h}=f'(0)=2$

$f(x)=x^2+ax+b$에서 $f'(x)=2x+a$

$\therefore f'(0)=a=2$

즉, $f(x)=x^2+2x$, $f'(x)=2x+2$이므로
$f(-1)=1-2=-1$, $f'(1)=2+2=4$

$\therefore f(-1)+f'(1)=-1+4=3$ 답 ③

04-2

$\lim\limits_{x\to 1}\dfrac{f(x)}{x-1}=2$에서 극한값이 존재하고, $x\to 1$일 때 (분모)$\to 0$이므로 (분자)$\to 0$이어야 한다.

즉, $\lim\limits_{x\to 1} f(x)=0$이므로 $f(1)=0$

$f(1)=1+a+b=0$

$\therefore a+b=-1$ $\cdots\cdots$ ㉠

$\lim\limits_{x\to 1}\dfrac{f(x)}{x-1}=\lim\limits_{x\to 1}\dfrac{f(x)-f(1)}{x-1}=f'(1)=2$

$f(x)=x^4+ax+b$에서 $f'(x)=4x^3+a$

$f'(1)=4+a=2$ $\therefore a=-2$

$a=-2$를 ㉠에 대입하면 $b=1$

$\therefore ab=-2\times 1=-2$ 답 ②

유형 05

함수 $f(x)$가 $x=1$에서 미분가능하므로 $x=1$에서 연속이다.

즉, $\lim\limits_{x\to 1+} f(x)=\lim\limits_{x\to 1-} f(x)=f(1)$에서 $a+b=0$

$\therefore b=-a$ $\cdots\cdots$ ㉠

또한 $x=1$에서 미분계수가 존재하므로

$\lim\limits_{x\to 1+}\dfrac{f(x)-f(1)}{x-1}=\lim\limits_{x\to 1+}\dfrac{(ax^2-a)-(1-1)}{x-1}$
$=\lim\limits_{x\to 1+} a(x+1)=2a$

$\lim\limits_{x\to 1-}\dfrac{f(x)-f(1)}{x-1}=\lim\limits_{x\to 1-}\dfrac{(x^3-x)-(1-1)}{x-1}$
$=\lim\limits_{x\to 1-} x(x+1)=2$

$2a=2$ $\therefore a=1$

$a=1$을 ㉠에 대입하면 $b=-1$

$\therefore ab=1\times(-1)=-1$

● 다른 풀이 ●

$g(x)=x^3-x\ (x\le 1)$, $h(x)=ax^2+b\ (x>1)$이라 하면
$x=1$에서 연속이므로

$g(1)=h(1)$에서 $1-1=a+b$

$\therefore a+b=0$ …… ㉠

또한 $x=1$에서 미분계수가 존재하므로

$g'(x)=3x^2-1\ (x<1),\ h'(x)=2ax\ (x>1)$에서

$\lim\limits_{x\to1-}g'(x)=\lim\limits_{x\to1+}h'(x)$

$3-1=2a$ $\therefore a=1$

$a=1$을 ㉠에 대입하면 $b=-1$

$\therefore ab=1\times(-1)=-1$ 답 ②

05-1

함수 $f(x)$가 $x=1$에서 미분가능하므로 $x=1$에서 연속이다.

즉, $\lim\limits_{x\to1+}f(x)=\lim\limits_{x\to1-}f(x)=f(1)$에서

$3-a+2=1+b$ $\therefore a+b=4$ …… ㉠

$\lim\limits_{x\to1+}\dfrac{f(x)-f(1)}{x-1}$

$=\lim\limits_{x\to1+}\dfrac{(3x^2-ax+2)-(5-a)}{x-1}$

$=\lim\limits_{x\to1+}\dfrac{3(x+1)(x-1)-a(x-1)}{x-1}$

$=\lim\limits_{x\to1+}(3x+3-a)=6-a$

$\lim\limits_{x\to1-}\dfrac{f(x)-f(1)}{x-1}=\lim\limits_{x\to1-}\dfrac{(x+b)-(1+b)}{x-1}$

$\qquad\qquad\qquad\qquad=\lim\limits_{x\to1-}\dfrac{x-1}{x-1}=1$

$x=1$에서 미분가능하므로

$6-a=1$ $\therefore a=5$

$a=5$를 ㉠에 대입하면 $b=-1$

$\therefore f(-2)+f(2)=(-2+b)+(12-2a+2)=1$ 답 ①

05-2

함수 $f(x)$가 $x=2$에서 미분가능하므로 $x=2$에서 연속이다.

즉, $\lim\limits_{x\to2+}f(x)=\lim\limits_{x\to2-}f(x)=f(2)$이므로

$8+4a+1=8-b$

$\therefore 4a+b=-1$ …… ㉠

$\lim\limits_{x\to2+}\dfrac{f(x)-f(2)}{x-2}$

$=\lim\limits_{x\to2+}\dfrac{(x^3+ax^2+1)-(9+4a)}{x-2}$

$=\lim\limits_{x\to2+}\dfrac{(x-2)(x^2+2x+4)+a(x-2)(x+2)}{x-2}$

$=\lim\limits_{x\to2+}\{x^2+(2+a)x+4+2a\}$

$=4a+12$

$\lim\limits_{x\to2-}\dfrac{f(x)-f(2)}{x-2}=\lim\limits_{x\to2-}\dfrac{(4x-b)-(8-b)}{x-2}$

$\qquad\qquad\qquad\qquad=\lim\limits_{x\to2-}\dfrac{4(x-2)}{x-2}=4$

$x=2$에서 미분가능하므로

$4a+12=4$ $\therefore a=-2$

$a=-2$를 ㉠에 대입하면 $b=7$

$\therefore a+b=-2+7=5$ 답 ⑤

유형 06

$f'(x)=(3x^2+2x-1)'(x^2-x+2)$

$\qquad\qquad\qquad +(3x^2+2x-1)(x^2-x+2)'$

$\qquad=(6x+2)(x^2-x+2)+(3x^2+2x-1)(2x-1)$

$\therefore f'(1)=8\times2+4\times1=20$ 답 20

06-1

$(x-1)f(x)=g(x)$의 양변을 각각 x에 대하여 미분하면

$(x-1)'f(x)+(x-1)f'(x)=g'(x)$

$f(x)+(x-1)f'(x)=g'(x)$

양변에 $x=1$을 대입하면 $f(1)=g'(1)$

$\therefore g'(1)=2$ 답 ②

<table>
<tr><td colspan="6">빈출 유형 마무리   본문 24~25쪽</td></tr>
<tr><td>01 ②</td><td>02 ②</td><td>03 ⑤</td><td>04 ③</td><td>05 ⑤</td><td>06 ②</td></tr>
<tr><td>07 6</td><td>08 4</td><td>09 ⑤</td><td>10 25</td><td>11 ⑤</td><td>12 31</td></tr>
<tr><td>13 ①</td><td>14 ①</td><td>15 ④</td><td></td><td></td><td></td></tr>
</table>

01

-3에서 0까지 변할 때의 평균변화율은

$\dfrac{f(0)-f(-3)}{0-(-3)}=\dfrac{1-(-20)}{3}=7$이고

$f'(x)=3x^2-2$이므로

$f'(a)=3a^2-2=7$

$3a^2=9,\ a^2=3$

$\therefore a=-\sqrt{3}\ (\because a<0)$ 답 ②

02

$\lim\limits_{x\to3}\dfrac{f(x)-f(3)}{x-3}=f'(3)$이므로 $f'(3)=2$

$\therefore \lim\limits_{h\to0}\dfrac{f(3+2h)-f(3)}{h}=\lim\limits_{h\to0}\dfrac{f(3+2h)-f(3)}{2h}\times2$

$\qquad\qquad\qquad\qquad\qquad=2f'(3)$

$\qquad\qquad\qquad\qquad\qquad=2\times2=4$ 답 ②

03

$\lim\limits_{h\to0}\dfrac{f(1+2h)-f(1-2h)}{h}$

$=\lim\limits_{h\to0}\dfrac{f(1+2h)-f(1)-\{f(1-2h)-f(1)\}}{h}$

$=\lim\limits_{h\to0}\dfrac{f(1+2h)-f(1)}{2h}\times2+\lim\limits_{h\to0}\dfrac{f(1-2h)-f(1)}{-2h}\times2$

$=2f'(1)+2f'(1)$

$=4f'(1)=4\times3=12$ 답 ⑤

04

$\lim\limits_{x\to2}\dfrac{f(x^2)-f(4)}{f(x)-f(2)}=\lim\limits_{x\to2}\dfrac{\dfrac{f(x^2)-f(4)}{x-2}}{\dfrac{f(x)-f(2)}{x-2}}$

$$=\lim_{x\to2}\frac{\dfrac{f(x^2)-f(4)}{x^2-4}\times(x+2)}{\dfrac{f(x)-f(2)}{x-2}}$$

$$=\frac{4f'(4)}{f'(2)}$$

$$=\frac{4\times7}{2}=14$$

답 ③

05

불연속인 점은 그래프에서 연결되지 않은 점이므로
$x=-1,\ 1,\ 2$일 때의 3개이다.

$\therefore a=3$

미분가능하지 않은 점은 그래프에서 불연속인 점이거나 그래프가
꺾인 점이므로 $x=-1,\ 0,\ 1,\ 2,\ 3$일 때의 5개이다.

$\therefore b=5$

$\therefore b-a=5-3=2$

답 ⑤

06

ㄱ. $f(x)=1$은 상수함수이므로 $x=0$에서 연속이고, $f'(x)=0$이
므로 $x=0$에서 미분가능하다.

ㄴ. $g(x)=\begin{cases}x(x-1) & (x<0) \\ -x(x-1) & (0\le x<1) \\ x(x-1) & (x\ge1)\end{cases}$

$\lim\limits_{x\to0+}g(x)=\lim\limits_{x\to0-}g(x)=g(0)=0$이므로 $x=0$에서 연속이
지만

$$\lim_{h\to0+}\frac{g(0+h)-g(0)}{h}=\lim_{h\to0+}\frac{-h(h-1)}{h}$$
$$=\lim_{h\to0+}(-h+1)=1$$

$$\lim_{h\to0-}\frac{g(0+h)-g(0)}{h}=\lim_{h\to0-}\frac{h(h-1)}{h}$$
$$=\lim_{h\to0-}(h-1)=-1$$

이므로 $x=0$에서 미분가능하지 않다.

ㄷ. $k(x)=\begin{cases}-x^2 & (x<0) \\ x^2 & (x\ge0)\end{cases}$

$\lim\limits_{x\to0+}k(x)=\lim\limits_{x\to0-}k(x)=k(0)=0$이므로 $x=0$에서 연속이고

$$\lim_{h\to0+}\frac{k(0+h)-k(0)}{h}=\lim_{h\to0+}\frac{h^2}{h}$$
$$=\lim_{h\to0+}h=0$$

$$\lim_{h\to0-}\frac{k(0+h)-k(0)}{h}=\lim_{h\to0-}\frac{-h^2}{h}$$
$$=\lim_{h\to0-}(-h)=0$$

이므로 $x=0$에서 미분가능하다.

따라서 $x=0$에서 연속이지만 미분가능하지 않은 것은 ㄴ뿐이다.

답 ②

07

$f(x+y)=f(x)+f(y)+xy$에 $x=0,\ y=0$을 대입하면

$f(0)=f(0)+f(0)+0\qquad \therefore f(0)=0 \qquad\qquad \cdots\cdots\ \boxdot$

$$f'(x)=\lim_{h\to0}\frac{f(x+h)-f(x)}{h}$$

$$=\lim_{h\to0}\frac{f(x)+f(h)+xh-f(x)}{h}\ (\because \text{조건 (가)})$$

$$=\lim_{h\to0}\frac{f(h)+xh}{h}$$

$$=\lim_{h\to0}\left\{\frac{f(h)}{h}+x\right\}$$

$$=\lim_{h\to0}\left\{\frac{f(h)-f(0)}{h}+x\right\}\ (\because \boxdot)$$

$$=f'(0)+x$$

$$=3+x\ (\because \text{조건 (나)})$$

$\therefore f'(3)=3+3=6$

답 6

08

$f(x)=x^n+x^2+x-3$이라 하면

$f(1)=0$

$$\lim_{x\to1}\frac{x^n+x^2+x-3}{x-1}=\lim_{x\to1}\frac{f(x)-f(1)}{x-1}$$
$$=f'(1)=7$$

이때, $f'(x)=nx^{n-1}+2x+1$이므로

$f'(1)=n+2+1=7$

$n+3=7\qquad \therefore n=4$

답 4

09

$$\lim_{x\to1}\frac{f(x)-f(1)}{x^2-1}=\lim_{x\to1}\left\{\frac{f(x)-f(1)}{x-1}\times\frac{1}{x+1}\right\}$$
$$=\frac{1}{2}f'(1)=3$$

이므로 $f'(1)=6$

또한 $f(x)=x^3-3x^2+ax+5$에서

$f'(x)=3x^2-6x+a$이므로

$f'(1)=3-6+a=6$

$\therefore a=9$

답 ⑤

10

$\lim\limits_{h\to0}\dfrac{f(2h)}{h}=10$에서 극한값이 존재하고, $h\to0$일 때

(분모)$\to0$이므로 (분자)$\to0$이어야 한다.

즉, $\lim\limits_{h\to0}f(2h)=0$이므로 $f(0)=0\qquad \therefore b=0$

$$\lim_{h\to0}\frac{f(2h)}{h}=\lim_{h\to0}\frac{f(0+2h)-f(0)}{2h}\times2$$
$$=2f'(0)=10$$

이므로 $f'(0)=5$

$f(x)=x^2+2ax+b$에서

$f'(x)=2x+2a$이므로

$f'(0)=2a=5\qquad \therefore a=\dfrac{5}{2}$

$\therefore 10(a+b)=10\times\left(\dfrac{5}{2}+0\right)=25$

답 25

11

함수 $f(x)$가 $x=0$에서 미분가능하므로 $x=0$에서 연속이다.

즉, $\lim\limits_{x\to 0} f(x)=f(0)$에서 $b=2$

또한 $x=0$에서 미분가능하므로

$$\lim_{x\to 0+}\frac{f(x)-f(0)}{x}=\lim_{x\to 0+}\frac{(ax^2-3x+2)-2}{x}$$
$$=\lim_{x\to 0+}(ax-3)$$
$$=-3$$
$$\lim_{x\to 0-}\frac{f(x)-f(0)}{x}=\lim_{x\to 0-}\frac{(ax+2)-2}{x}$$
$$=\lim_{x\to 0-}a$$
$$=a$$

$\therefore a=-3$

$\therefore a^2+b^2=(-3)^2+2^2=13$

$g(x)=ax^2-3x+2 \ (x\geq 0),\ h(x)=ax+b \ (x<0)$이라 하면

$x=0$에서 연속이므로

$g(0)=h(0)$에서 $b=2$

또한 $x=0$에서 미분계수가 존재하므로

$g'(x)=2ax-3,\ h'(x)=a$에서

$g'(0)=h'(0)$

$\therefore a=-3$

$\therefore a^2+b^2=(-3)^2+2^2=13$ 답 ⑤

12

$\lim\limits_{x\to 2}\dfrac{f(x)-3}{x-2}=5$에서 극한값이 존재하고, $x\to 2$일 때

(분모)$\to 0$이므로 (분자)$\to 0$이어야 한다.

즉, $\lim\limits_{x\to 2}\{f(x)-3\}=0$이므로

$f(2)=3$

$$\therefore \lim_{x\to 2}\frac{f(x)-3}{x-2}=\lim_{x\to 2}\frac{f(x)-f(2)}{x-2}$$
$$=f'(2)$$
$$=5$$

또한 $\lim\limits_{x\to 2}\dfrac{g(x)-2}{x-2}=7$에서 극한값이 존재하고, $x\to 2$일 때

(분모)$\to 0$이므로 (분자)$\to 0$이어야 한다.

즉, $\lim\limits_{x\to 2}\{g(x)-2\}=0$이므로

$g(2)=2$

$$\therefore \lim_{x\to 2}\frac{g(x)-2}{x-2}=\lim_{x\to 2}\frac{g(x)-g(2)}{x-2}$$
$$=g'(2)$$
$$=7$$

$h(x)=f(x)g(x)$에서

$h'(x)=f'(x)g(x)+f(x)g'(x)$

$$\therefore h'(2)=f'(2)g(2)+f(2)g'(2)$$
$$=5\times 2+3\times 7$$
$$=31$$ 답 31

13

다항식 ax^3+bx^2-4를 $(x-2)^2$으로 나눌 때의 몫을 $Q(x)$라 하면

$ax^3+bx^2-4=(x-2)^2Q(x)$ ······ ㉠

양변에 $x=2$를 대입하면

$8a+4b-4=0$

$\therefore 2a+b=1$ ······ ㉡

㉠의 양변을 x에 대하여 미분하면

$3ax^2+2bx=2(x-2)Q(x)+(x-2)^2Q'(x)$

양변에 $x=2$를 대입하면

$12a+4b=0$

$\therefore 3a+b=0$ ······ ㉢

㉡, ㉢을 연립하여 풀면

$a=-1,\ b=3$

$\therefore ab=-1\times 3=-3$ 답 ①

14

$f(x)=ax^2+b$에서 $f'(x)=2ax$이므로

$4f(x)=\{f'(x)\}^2+x^2+4$에 대입하면

$4ax^2+4b=(4a^2+1)x^2+4$

$(2a-1)^2x^2-4(b-1)=0$ ······ ㉠

모든 실수 x에 대하여 ㉠을 만족시키므로

$2a-1=0$에서 $a=\dfrac{1}{2}$

$b-1=0$에서 $b=1$

$f(x)=\dfrac{1}{2}x^2+1$이므로 $f(2)=3$ 답 ①

15

$\lim\limits_{x\to 2}\dfrac{f(x)}{(x-2)\{f'(x)\}^2}=\dfrac{1}{4}$에서 극한값이 존재하고, $x\to 2$일 때

(분모)$\to 0$이므로 (분자)$\to 0$이어야 한다.

즉, $\lim\limits_{x\to 2}f(x)=0$이므로 $f(2)=0$

$f(x)$는 최고차항의 계수가 1인 삼차함수이므로

$f(x)=(x-1)(x-2)(x+k) \ (k는\ 상수)$로 놓으면

$f'(x)=(x-2)(x+k)+(x-1)(x+k)+(x-1)(x-2)$

$$\lim_{x\to 2}\frac{(x-1)(x-2)(x+k)}{(x-2)\{f'(x)\}^2}$$
$$=\frac{k+2}{\{0+(k+2)+0\}^2}$$
$$=\frac{1}{k+2}=\frac{1}{4}$$

$\therefore k=2$

$f(x)=(x-1)(x-2)(x+2)$이므로

$f(3)=2\times 1\times 5=10$ 답 ④

02 | 도함수의 활용 (1)

내신&수능 빈출 유형 본문 27~29쪽

유형 01

$f(x)=x^3-6x$라 하면 $f'(x)=3x^2-6$이므로 $x=2$인 점에서의 접선의 기울기는

$f'(2)=12-6=6$

점 $(2, -4)$에서의 접선의 방정식은

$y-(-4)=6(x-2)$

$\therefore y=6x-16$

따라서 $a=6$, $b=-16$이므로

$a+b=6+(-16)=-10$ 답 ①

01-1

$f(x)=x^3-x$라 하면 $f'(x)=3x^2-1$이므로

$f'(1)=3-1=2$

점 $(1, 0)$에서의 접선의 기울기는 2이므로 이 접선과 수직인 직선의 기울기는 $-\dfrac{1}{2}$이다.

즉, 구하는 직선의 방정식은

$y-0=-\dfrac{1}{2}(x-1)$

$\therefore x+2y=1$

따라서 $a=1$, $b=2$이므로

$a+b=1+2=3$ 답 ②

유형 02

$f(x)=x^2-6x+8$이라 하면 $f'(x)=2x-6$

접점의 좌표를 (t, t^2-6t+8)이라 하면 이 점에서의 접선의 기울기가 2이므로

$f'(t)=2t-6=2$ $\therefore t=4$

따라서 구하는 접선은 점 $(4, 0)$을 지나고 기울기가 2이므로

$y-0=2(x-4)$ $\therefore y=2x-8$ 답 ③

02-1

$f(x)=x^3-4x-5$라 하면 $f'(x)=3x^2-4$

접점의 좌표를 (t, t^3-4t-5)라 하면 이 점에서의 접선의 기울기가 -1이므로

$f'(t)=3t^2-4=-1$, $t^2=1$

$\therefore t=-1$ 또는 $t=1$

따라서 접점의 좌표는 $(-1, -2)$ 또는 $(1, -8)$이므로 접선의 방정식은

$y-(-2)=-(x+1)$ 또는 $y-(-8)=-(x-1)$

즉, $y=-x-3$ 또는 $y=-x-7$

$\therefore a=-7$, $b=-3$ ($\because a<b$)

$\therefore b-a=-3-(-7)=4$ 답 ⑤

02-2

$f(x)=x^2$이라 하면 $f'(x)=2x$

접점의 좌표를 (t, t^2)이라 하면 x축의 양의 방향과 이루는 각의 크기가 $45°$인 접선의 기울기는 $\tan 45°=1$이므로

$f'(t)=2t=1$ $\therefore t=\dfrac{1}{2}$

따라서 접선은 점 $\left(\dfrac{1}{2}, \dfrac{1}{4}\right)$을 지나고 기울기가 1이므로

$y-\dfrac{1}{4}=x-\dfrac{1}{2}$

$\therefore y=x-\dfrac{1}{4}$

즉, $x-y-\dfrac{1}{4}=0$이고 이 직선과 원점 사이의 거리는

$\dfrac{\left|-\dfrac{1}{4}\right|}{\sqrt{1+1}}=\dfrac{1}{4\sqrt{2}}=\dfrac{\sqrt{2}}{8}$ 답 ①

유형 03

$f(x)=x^3-3x^2+2x$라 하면 $f'(x)=3x^2-6x+2$

접점의 좌표를 (t, t^3-3t^2+2t)라 하면 이 점에서의 접선의 기울기는 $f'(t)=3t^2-6t+2$이므로 접선의 방정식은

$y-(t^3-3t^2+2t)=(3t^2-6t+2)(x-t)$

$\therefore y=(3t^2-6t+2)x-2t^3+3t^2$

이 접선이 점 $(0, 1)$을 지나므로

$1=-2t^3+3t^2$, $2t^3-3t^2+1=0$

$(2t+1)(t-1)^2=0$ $\therefore t=-\dfrac{1}{2}$ 또는 $t=1$

따라서 두 점 P, Q의 x좌표의 합은

$-\dfrac{1}{2}+1=\dfrac{1}{2}$ 답 ⑤

03-1

$f(x)=x^3-x+2$라 하면 $f'(x)=3x^2-1$

접점의 좌표를 (t, t^3-t+2)라 하면 이 점에서의 접선의 기울기는 $f'(t)=3t^2-1$이므로 접선의 방정식은

$y-(t^3-t+2)=(3t^2-1)(x-t)$

$\therefore y=(3t^2-1)x-2t^3+2$

이 접선이 원점을 지나므로

$0=-2t^3+2$에서 $t^3=1$ $\therefore t=1$

접점의 좌표는 $(1, 2)$이므로 접선의 방정식은

$y-2=2(x-1)$ $\therefore y=2x$

$y=x^3-x+2$와 $y=2x$를 연립하여 풀면

$x^3-x+2=2x$에서 $(x+2)(x-1)^2=0$

$\therefore x=-2$ 또는 $x=1$

즉, 곡선과 접선의 교점 중 접점이 아닌 점의 x좌표는 -2이므로 접점이 아닌 점의 좌표는 $(-2, -4)$이다.

따라서 $a=-2$, $b=-4$이므로

$a-b=-2-(-4)=2$ 답 ⑤

유형 04

$f(x)=x^2+ax+b$, $g(x)=-x^3+c$에서

$f'(x)=2x+a$, $g'(x)=-3x^2$
두 곡선 $y=f(x)$, $y=g(x)$가 점 $(1, 2)$를 지나므로
$f(1)=1+a+b=2$에서 $a+b=1$ $\cdots\cdots$ ㉠
$g(1)=-1+c=2$에서 $c=3$
점 $(1, 2)$에서의 접선의 기울기가 같으므로
$f'(1)=g'(1)$에서
$2+a=-3$ $\therefore a=-5$
$a=-5$를 ㉠에 대입하면
$-5+b=1$ $\therefore b=6$
따라서 $f(x)=x^2-5x+6$, $g(x)=-x^3+3$이므로
$f(2)+g(2)=(4-10+6)+(-8+3)=-5$ 답 ②

04-1

$f(x)=x^3+ax$, $g(x)=bx^3+c$라 하면
$f'(x)=3x^2+a$, $g'(x)=3bx^2$
두 곡선 $y=f(x)$, $y=g(x)$가 점 $(1, 4)$를 지나므로
$f(1)=1+a=4$에서 $a=3$
$g(1)=b+c=4$ $\cdots\cdots$ ㉠
점 $(1, 4)$에서의 접선의 기울기가 같으므로
$f'(1)=g'(1)$에서
$3+a=3b$, $6=3b$ $\therefore b=2$
$b=2$를 ㉠에 대입하면
$2+c=4$ $\therefore c=2$
$\therefore a+b-c=3+2-2=3$ 답 ②

04-2

$f(x)=x^3+2x^2$, $g(x)=-x^2+4$라 하면
$f'(x)=3x^2+4x$, $g'(x)=-2x$
두 곡선이 $x=t$인 점에서 공통인 접선을 가지므로
$f(t)=g(t)$에서 $t^3+2t^2=-t^2+4$
$t^3+3t^2-4=0$, $(t+2)^2(t-1)=0$
$\therefore t=-2$ 또는 $t=1$
$x=t$인 점에서의 접선의 기울기가 같으므로
$f'(t)=g'(t)$에서 $3t^2+4t=-2t$
$3t(t+2)=0$ $\therefore t=-2$ 또는 $t=0$
따라서 $t=-2$일 때, 즉 점 $(-2, 0)$에서 공통인 접선을 갖고
$f'(-2)=g'(-2)=4$이므로 공통인 접선의 방정식은
$y-0=4(x+2)$ $\therefore y=4x+8$ 답 ④

유형 05

$f(x)=x^3-6x$에서 $f'(x)=3x^2-6$
$f'(c)=0$에서 $3c^2-6=0$
$c^2=2$ $\therefore c=\pm\sqrt{2}$
그런데 $0<c<\sqrt{6}$이므로 $c=\sqrt{2}$ 답 ③

05-1

$f(x)=3x^4-6x^2+2$에서 $f'(x)=12x^3-12x$
$f'(c)=0$에서 $12c^3-12c=0$, $12c(c+1)(c-1)=0$
$\therefore c=-1$ 또는 $c=0$ 또는 $c=1$
롤의 정리로부터 $-2<c<2$이므로
상수 c의 개수는 3이다.   답 ④

유형 06

$f(x)=x^3+3x^2$에서 $f'(x)=3x^2+6x$
$\dfrac{f(0)-f(-2)}{0-(-2)}=\dfrac{0-4}{2}=-2$이므로
$f'(c)=3c^2+6c=-2$에서 $3c^2+6c+2=0$
$\therefore c=\dfrac{-3\pm\sqrt{3^2-3\times2}}{3}=\dfrac{-3\pm\sqrt{3}}{3}$
그런데 $-2<c<0$이고, 두 근 모두 -2와 0 사이에 있으므로 모든 상수 c의 값의 합은 -2이다.   답 ⑤

06-1

$f(x)=2x^3-9x^2+12x$에서 $f'(x)=6x^2-18x+12$
$\dfrac{f(3)-f(0)}{3-0}=\dfrac{9-0}{3}=3$이므로
$f'(c)=6c^2-18c+12=3$에서 $2c^2-6c+3=0$
$\therefore c=\dfrac{3\pm\sqrt{3^2-2\times3}}{2}=\dfrac{3\pm\sqrt{3}}{2}$
평균값 정리로부터 $0<c<3$이고, 두 근 모두 0과 3 사이에 있으므로 모든 상수 c의 값의 곱은 $\dfrac{3}{2}$이다.   답 ⑤

06-2

함수 $y=f(x)$의 그래프에서
$\dfrac{f(b)-f(a)}{b-a}=f'(c)$를 만족시키
는 c의 개수는 두 점 $(a, f(a))$,
$(b, f(b))$를 지나는 직선의 기울
기와 같은 기울기를 가지는 접선의
접점의 개수와 같으므로 그림에서
c의 개수는 2이다.   답 2

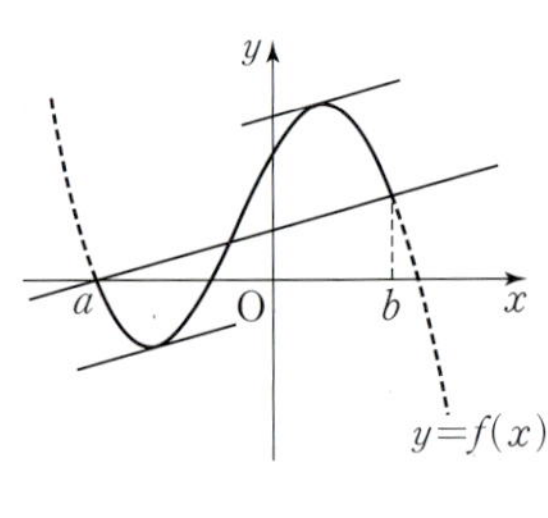

빈출 유형 마무리   본문 30~31쪽

01 ③	02 ①	03 ④	04 ④	05 1	06 ④
07 ①	08 ③	09 ④	10 ⑤	11 ⑤	12 12
13 ⑤	14 7	15 48	16 2		

01

$f(x)=-x^3+4x$라 하면 $f'(x)=-3x^2+4$
$x=1$인 점에서의 접선의 기울기는
$f'(1)=-3+4=1$
점 $(1, 3)$에서의 접선의 방정식은
$y-3=1\times(x-1)$ $\therefore y=x+2$
따라서 $A(-2, 0)$, $B(0, 2)$이므로 삼각형 OAB의 넓이는
$\dfrac{1}{2}\times2\times2=2$ 답 ③

02

$f(x)=x^3-x+k$라 하면
$f'(x)=3x^2-1$
접점의 좌표를 $(t,\ t^3-t+k)$라 하면 이 점에서의 접선의 기울기는 $f'(t)=3t^2-1$이므로 접선의 방정식은
$y-(t^3-t+k)=(3t^2-1)(x-t)$
$\therefore y=(3t^2-1)x-2t^3+k$ $\qquad\qquad$ ...... ㉠
㉠이 직선 $y=2x-3$과 일치해야 하므로
$3t^2-1=2$에서 $t^2=1$
$\therefore t=-1$ 또는 $t=1$
$-2t^3+k=-3$ $\qquad\qquad$ ...... ㉡
(i) $t=-1$을 ㉡에 대입하면
　$2+k=-3$ $\quad \therefore k=-5$
(ii) $t=1$을 ㉡에 대입하면
　$-2+k=-3$ $\quad \therefore k=-1$
따라서 모든 상수 k의 값의 합은
$-5+(-1)=-6$ $\qquad\qquad\qquad$ 답 ①

03

$f(x)=x^3-3x^2+4x+1$이라 하면
$f'(x)=3x^2-6x+4$
접점의 좌표를 $(t,\ t^3-3t^2+4t+1)$이라 하면 이 점에서의 접선의 기울기는 $\tan 45°=1$이므로
$f'(t)=3t^2-6t+4=1$
$t^2-2t+1=0,\ (t-1)^2=0$
$\therefore t=1$
즉, 접점의 좌표는 $(1,\ 3)$이므로 구하는 접선의 방정식은
$y-3=1\times(x-1)$
$\therefore y=x+2$
따라서 접선의 y절편은 2이다. $\qquad\qquad$ 답 ④

04

직선 $y=-2x$에 수직인 직선의 기울기는 $\dfrac{1}{2}$이다.
$y'=x^2-3x+\dfrac{1}{2}=\dfrac{1}{2}$에서
$x^2-3x=0,\ x(x-3)=0$
$\therefore x=0$ 또는 $x=3$
즉, 접점의 좌표는 각각 $(0,\ 1),\ (3,\ -2)$이다.
한편, 점 $(0,\ 1)$에서의 접선의 방정식은
$y-1=\dfrac{1}{2}(x-0)$, 즉 $x-2y+2=0$
따라서 두 직선 사이의 거리는 점 $(3,\ -2)$에서 직선 $x-2y+2=0$에 이르는 거리와 같으므로
$\dfrac{|3-2\times(-2)+2|}{\sqrt{1^2+(-2)^2}}=\dfrac{9\sqrt{5}}{5}$ $\qquad$ 답 ④

05

$y=x^3+ax^2+(a-2)x$에서 $(x^2+x)a+(x^3-2x-y)=0$이 a의 값에 관계없이 성립하므로 $x^2+x=0,\ x^3-2x-y=0$이어야 한다.
$x^2+x=0$에서 $x(x+1)=0$

$\therefore x=0$ 또는 $x=-1$
$x^3-2x-y=0$에 $x=0$ 또는 $x=-1$을 각각 대입하면
$x=0$일 때 $y=0$, $x=-1$일 때 $y=1$
따라서 주어진 곡선은 a의 값에 관계없이 두 점 $(0,\ 0),\ (-1,\ 1)$을 지난다.
한편, $y'=3x^2+2ax+a-2$이므로
점 $(0,\ 0)$에서의 접선의 기울기는 $a-2$이고,
점 $(-1,\ 1)$에서의 접선의 기울기는 $1-a$이다.
두 접선이 서로 수직이려면
$(a-2)(1-a)=-1,\ a^2-3a+1=0$
따라서 근과 계수의 관계에 의하여 모든 a의 값의 곱은 1이다.
$\qquad\qquad\qquad\qquad\qquad\qquad$ 답 1

06

$f(x)=x^2-2x$라 하면
$f'(x)=2x-2$
접점의 좌표를 $(t,\ t^2-2t)$라 하면 이 점에서의 접선의 기울기는 $f'(t)=2t-2$이므로 접선의 방정식은
$y-(t^2-2t)=(2t-2)(x-t)$
$\therefore y=(2t-2)x-t^2$
이 접선이 점 $(1,\ -2)$를 지나므로
$-2=2t-2-t^2,\ t^2-2t=0$
$t(t-2)=0$ $\quad \therefore t=0$ 또는 $t=2$
(i) $t=0$일 때, $f'(0)=-2$
(ii) $t=2$일 때, $f'(2)=2$
따라서 $m_1=-2,\ m_2=2\ (\because m_1<m_2)$이므로
$m_2-m_1=2-(-2)=4$ $\qquad\qquad$ 답 ④

07

$f(x)=x^3+ax,\ g(x)=x^2+b$라 하면
$f'(x)=3x^2+a,\ g'(x)=2x$
두 곡선이 $x=1$인 점에서 공통인 접선을 가지므로
$f(1)=g(1)$에서
$1+a=1+b$ $\quad \therefore a=b$ $\qquad\qquad$ ...... ㉠
$x=1$인 점에서의 접선의 기울기가 같으므로
$f'(1)=g'(1)$에서
$3+a=2$ $\quad \therefore a=-1$
$a=-1$을 ㉠에 대입하면
$b=-1$
$\therefore a+b=-1+(-1)=-2$ $\qquad\qquad$ 답 ①

08

$f(x)=x^3-1,\ g(x)=-x^2+kx$라 하면
$f'(x)=3x^2,\ g'(x)=-2x+k$
두 곡선의 접점의 x좌표를 t라 하면
$f(t)=g(t)$에서
$t^3-1=-t^2+kt$ $\qquad\qquad$ ...... ㉠
$f'(t)=g'(t)$에서
$3t^2=-2t+k$
$\therefore k=3t^2+2t$ $\qquad\qquad$ ...... ㉡

©을 ㉠에 대입하면
$t^3-1=-t^2+(3t^2+2t)t$
$2t^3+t^2+1=0$, $(t+1)(2t^2-t+1)=0$
$\therefore t=-1 \ (\because 2t^2-t+1>0)$
$t=-1$을 ©에 대입하면
$k=3-2=1$ 답 ③

09

$f(x)=2x^3$, $g(x)=6x^2-8$이라 하면
$f'(x)=6x^2$, $g'(x)=12x$
두 곡선이 $x=t$인 점에서 공통인 접선을 가지므로
$f(t)=g(t)$에서 $2t^3=6t^2-8$
$t^3-3t^2+4=0$, $(t+1)(t-2)^2=0$
$\therefore t=-1$ 또는 $t=2$
$x=t$인 점에서의 접선의 기울기가 같으므로
$f'(t)=g'(t)$에서 $6t^2=12t$
$t^2-2t=0$, $t(t-2)=0$
$\therefore t=0$ 또는 $t=2$
따라서 $t=2$일 때, 즉 점 $(2, 16)$에서 공통인 접선을 갖고,
$f'(2)=g'(2)=24$이므로 공통인 접선의 방정식은
$y-16=24(x-2)$ $\therefore y=24x-32$ 답 ④

10

$f(x)=x^3+ax$, $g(x)=x^2+bx+c$라 하면
$f'(x)=3x^2+a$, $g'(x)=2x+b$
두 곡선 $y=f(x)$, $y=g(x)$가 점 $(1, 2)$를 지나므로
$f(1)=1+a=2$에서 $a=1$
$g(1)=1+b+c=2$에서 $b+c=1$ ······ ㉠
점 $(1, 2)$에서의 접선의 기울기가 같으므로
$f'(1)=g'(1)$에서 $3+a=2+b$ ······ ©
$a=1$을 ©에 대입하면
$3+1=2+b$ $\therefore b=2$
$b=2$를 ㉠에 대입하면
$2+c=1$ $\therefore c=-1$
$\therefore a+b-c=1+2-(-1)=4$ 답 ⑤

11

ㄱ. 함수 $f(x)=2\left|x-\dfrac{3}{2}\right|$은 닫힌구간 $[0, 3]$에서 연속이지만

$x=\dfrac{3}{2}$에서 미분가능하지 않으므로 롤의 정리가 성립하지 않

는다.

ㄴ. 함수 $f(x)=x^3-3x^2+6$은 닫힌구간 $[0, 3]$에서 연속이고 열
린구간 $(0, 3)$에서 미분가능하다.
이때, $f(0)=f(3)=6$이므로 $f'(c)=0$인 c가 열린구간
$(0, 3)$에 적어도 하나 존재한다.

ㄷ. 함수 $f(x)=2$는 닫힌구간 $[0, 3]$에서 연속이고 열린구간
$(0, 3)$에서 미분가능하다.

이때, $f(0)=f(3)=2$이므로 $f'(c)=0$인 c가 열린구간
$(0, 3)$에 적어도 하나 존재한다.

ㄹ. 함수 $f(x)=\dfrac{|x+3|}{x+3}$은 $x>-3$일 때 $f(x)=\dfrac{x+3}{x+3}=1$이므
로 닫힌구간 $[0, 3]$에서 연속이고 열린구간 $(0, 3)$에서 미분
가능하다.
이때, $f(0)=f(3)=1$이므로 $f'(c)=0$인 c가 열린구간
$(0, 3)$에 적어도 하나 존재한다.
따라서 롤의 정리가 성립하는 것은 ㄴ, ㄷ, ㄹ이다. 답 ⑤

12

$\dfrac{1}{x}=t$로 놓으면

$\displaystyle\lim_{x\to 0+}\left\{f\left(\dfrac{1+2x}{x}\right)-f\left(\dfrac{1-2x}{x}\right)\right\}$
$=\displaystyle\lim_{t\to\infty}\{f(t+2)-f(t-2)\}$

$f(x)$가 모든 실수에서 미분가능하므로 닫힌구간 $[t-2, t+2]$에서 연속이고, 열린구간 $(t-2, t+2)$에서 미분가능하다.
따라서 평균값 정리에 의하여 $\dfrac{f(t+2)-f(t-2)}{4}=f'(c)$를 만
족시키는 c가 열린구간 $(t-2, t+2)$에 적어도 하나 존재한다.
한편, $t\to\infty$이면 $c\to\infty$이다.
$\therefore \displaystyle\lim_{t\to\infty}\{f(t+2)-f(t-2)\}$
$=\displaystyle\lim_{c\to\infty}4f'(c)$
$=4\times 3$
$=12$ 답 12

13

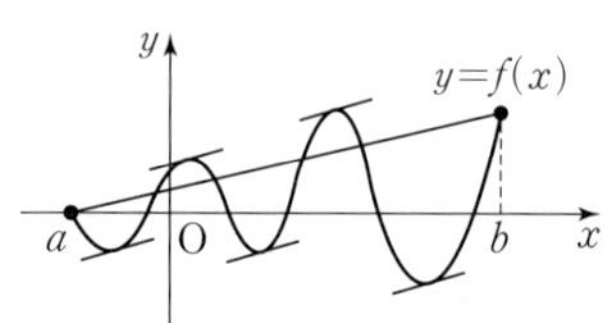

함수 $y=f(x)$의 그래프에서 $\dfrac{f(b)-f(a)}{b-a}=f'(c)$를 만족시키
는 c의 개수는 두 점 $(a, f(a))$, $(b, f(b))$를 잇는 직선의 기울
기와 같은 기울기를 가지는 접선의 접점의 개수와 같으므로 위의
그림에서 5개이다. 답 ⑤

14

$\displaystyle\lim_{x\to 1}\dfrac{f(x)-2}{x-1}=3$에서 극한값이 존재하고, $x\to 1$일 때
(분모)$\to 0$이므로 (분자)$\to 0$이어야 한다.
즉, $\displaystyle\lim_{x\to 1}\{f(x)-2\}=0$이므로 $f(1)=2$
$\displaystyle\lim_{x\to 1}\dfrac{f(x)-2}{x-1}=\lim_{x\to 1}\dfrac{f(x)-f(1)}{x-1}=f'(1)=3$
$g(x)=x^2f(x)$에서
$g'(x)=2xf(x)+x^2f'(x)$이므로
곡선 $y=g(x)$ 위의 점 $(1, g(1))$에서의 접선의 기울기는
$g'(1)=2\times 1\times f(1)+1^2\times f'(1)=4+3=7$ 답 7

15

곡선 $y=f(x)$ 위의 점 $(t,\ t^3-at)$에서의 접선의 기울기는
$f'(t)=3t^2-a$이므로 접선의 방정식은
$y-(t^3-at)=(3t^2-a)(x-t)$
$\therefore y=(3t^2-a)x-2t^3$
이 접선이 점 $(0,\ 16)$을 지나므로
$-2t^3=16$
$t^3=-8$
$\therefore t=-2\ (\because t\text{는 실수})$
이때, 접선의 기울기가 8이므로
$f'(-2)=3\times(-2)^2-a=12-a=8$
$\therefore a=4$
따라서 $f(x)=x^3-4x$이므로
$f(a)=f(4)=4^3-4\times4=48$

答 48

16

곡선 $y=x^3-ax+b$ 위의 점 $(1,\ 1)$에서의 접선의 기울기를 m이
라 하면 $y'=3x^2-a$이므로
$m=3-a$
이때, 곡선 $y=x^3-ax+b$ 위의 점 $(1,\ 1)$에서의 접선과 수직인
직선의 기울기가 $-\dfrac{1}{2}$이므로
$(3-a)\times\left(-\dfrac{1}{2}\right)=-1$
$\therefore a=1$
또, 점 $(1,\ 1)$은 곡선 $y=x^3-x+b$ 위의 점이므로
$1=1^3-1+b$
$\therefore b=1$
$\therefore a+b=2$

答 2

03 | 도함수의 활용 (2)

내신&수능 빈출 유형 본문 33~35쪽

유형 01

$f(x)=x^3-3x^2-9x+2$에서 $f'(x)=3x^2-6x-9$이고 $f(x)$가
감소하기 위해서는 $f'(x)\leq0$이어야 한다.
즉, $3x^2-6x-9\leq0$에서 $x^2-2x-3\leq0$
$(x+1)(x-3)\leq0$ $\therefore -1\leq x\leq3$
따라서 a의 최댓값은 3이다.

答 ④

01-1

$f(x)=x^3+\dfrac{3}{2}x^2-6x+1$에서 $f'(x)=3x^2+3x-6$이고 감소하
는 구간에서 $f'(x)\leq0$이므로
$3x^2+3x-6\leq0,\ x^2+x-2\leq0$
$(x-1)(x+2)\leq0$ $\therefore -2\leq x\leq1$
따라서 $a=-2,\ b=1$이므로
$a^2+b^2=5$

答 ②

유형 02

$f(x)=\dfrac{1}{3}x^3-ax^2+(2a-1)x-5$에서
$f'(x)=x^2-2ax+2a-1$
함수 $f(x)$가 실수 전체의 집합에서 증가하려면 모든 실수 x에 대
하여 $f'(x)\geq0$이어야 하므로 방정식 $f'(x)=0$의 판별식을 D라
하면
$\dfrac{D}{4}=(-a)^2-(2a-1)\leq0$
$(a-1)^2\leq0$ $\therefore a=1$

答 ④

02-1

$f(x)=x^3+2x^2+ax-1$에서 $f'(x)=3x^2+4x+a$
함수 $f(x)$가 실수 전체의 집합에서 증가하려면 모든 실수 x에 대
하여 $f'(x)\geq0$이어야 하므로 방정식 $f'(x)=0$의 판별식을 D라
하면
$\dfrac{D}{4}=4-3a\leq0$ $\therefore a\geq\dfrac{4}{3}$
따라서 정수 a의 최솟값은 2이다.

答 ②

02-2

$f(x)=2x^3+ax^2+bx+1$에서 $f'(x)=6x^2+2ax+b$이고
이차방정식 $f'(x)=0$의 두 근은 1, 2이어야 하므로
$6x^2+2ax+b=6(x-1)(x-2)=6x^2-18x+12$
에서 $a=-9,\ b=12$
$\therefore 2a+b=2\times(-9)+12=-6$

答 ①

유형 03

$f(x)=x^3-6x^2+9x-3$에서

$f'(x)=3x^2-12x+9=3(x-1)(x-3)$

$f'(x)=0$에서 $x=1$ 또는 $x=3$

함수 $f(x)$의 증가, 감소를 표로 나타내면 다음과 같다.

x	$\cdots$	1	$\cdots$	3	$\cdots$
$f'(x)$	$+$	0	$-$	0	$+$
$f(x)$	$\nearrow$	1	$\searrow$	-3	$\nearrow$

함수 $f(x)$는 $x=1$일 때 극댓값 1, $x=3$일 때 극솟값 -3을 가지므로 $M=1$, $m=-3$

$\therefore M+m=1+(-3)=-2$　　　답 ②

03-1

ㄱ. (참) $x=0$의 좌우에서 $f'(x)$의 부호가 음에서 양으로 바뀌므로 함수 $f(x)$는 $x=0$에서 극솟값을 갖는다.

ㄴ. (참) $x=4$의 좌우에서 $f'(x)$의 부호가 양에서 음으로 바뀌므로 함수 $f(x)$는 $x=4$에서 극댓값을 갖는다.

ㄷ. (거짓) 극값을 갖는 점은 $x=0$, $x=4$의 2개이다.

따라서 옳은 것은 ㄱ, ㄴ이다.　　　답 ③

유형 04

$f(x)=x^3-ax^2+2ax-5$에서 $f'(x)=3x^2-2ax+2a$

삼차함수 $f(x)$가 극값을 가지려면 방정식 $f'(x)=0$이 서로 다른 두 실근을 가져야 하므로 방정식 $f'(x)=0$의 판별식을 D라 하면

$\dfrac{D}{4}=a^2-6a>0$, $a(a-6)>0$　　$\therefore a<0$ 또는 $a>6$

따라서 양의 정수 a의 최솟값은 7이다.　　　답 ③

04-1

$f(x)=2x^3-2ax^2+(a^2-2a)x+7$에서

$f'(x)=6x^2-4ax+a^2-2a$

삼차함수 $f(x)$가 극값을 가지려면 방정식 $f'(x)=0$이 서로 다른 두 실근을 가져야 하므로 방정식 $f'(x)=0$의 판별식을 D라 하면

$\dfrac{D}{4}=4a^2-6(a^2-2a)>0$, $a(a-6)<0$　　$\therefore 0<a<6$

따라서 정수 a는 1, 2, 3, 4, 5의 5개이다.　　　답 ②

04-2

$f(x)=\dfrac{1}{3}x^3+(a+2)x^2-ax+3$에서

$f'(x)=x^2+2(a+2)x-a$

삼차함수 $f(x)$가 극값을 갖지 않으려면 방정식 $f'(x)=0$이 중근 또는 허근을 가져야 하므로 방정식의 $f'(x)=0$의 판별식을 D라 하면

$\dfrac{D}{4}=(a+2)^2+a\le 0$, $(a+1)(a+4)\le 0$　　$\therefore -4\le a\le -1$

따라서 정수 a는 -4, -3, -2, -1의 4개이다.　　　답 ③

유형 05

$f(x)=x^4-8x^2+5$에서

$f'(x)=4x^3-16x=4x(x-2)(x+2)$

$f'(x)=0$에서 $x=-2$ 또는 $x=0$ 또는 $x=2$

닫힌구간 $[-2, 3]$에서 함수 $f(x)$의 증가, 감소를 표로 나타내면 다음과 같다.

x	-2	$\cdots$	0	$\cdots$	2	$\cdots$	3
$f'(x)$	(0)	$+$	0	$-$	0	$+$	$(+)$
$f(x)$	-11	$\nearrow$	5	$\searrow$	-11	$\nearrow$	14

즉, 함수 $f(x)$는 $x=-2$, $x=2$일 때 최솟값 -11, $x=3$일 때 최댓값 14를 갖는다.

따라서 $M=14$, $m=-11$이므로

$M+m=14+(-11)=3$　　　답 ③

05-1

$f(x)=2x^3-3x^2-12x+k$에서

$f'(x)=6x^2-6x-12=6(x+1)(x-2)$

$f'(x)=0$에서 $x=-1$ 또는 $x=2$

닫힌구간 $[0, 3]$에서 함수 $f(x)$의 증가, 감소를 표로 나타내면 다음과 같다.

x	0	$\cdots$	2	$\cdots$	3
$f'(x)$	$(-)$	$-$	0	$+$	$(+)$
$f(x)$	k	$\searrow$	$k-20$	$\nearrow$	$k-9$

$f(x)$는 $x=2$에서 극소이면서 최소이므로

$f(2)=k-20=-8$　　$\therefore k=12$

$f(x)$는 $x=0$에서 최댓값을 가지므로

$M=f(0)=k=12$　　　답 ②

유형 06

$y=-x^2+6x=-(x-3)^2+9$이므로 그래프의 축의 방정식은 $x=3$이다. 한편, 점 P의 좌표를 $(a, -a^2+6a)$라 하고, 직사각형 PQRS의 넓이를 $S(a)$라 하면

$S(a)=2(3-a)(-a^2+6a)=2a^3-18a^2+36a$

$S'(a)=6a^2-36a+36=6(a^2-6a+6)$

$S'(a)=0$에서 $a=3-\sqrt{3}$ $(\because 0<a<3)$

$0<a<3$에서 $S(a)$의 증가, 감소를 표로 나타내면 다음과 같다.

a	(0)	$\cdots$	$3-\sqrt{3}$	$\cdots$	(3)
$S'(a)$		$+$	0	$-$	
$S(a)$		$\nearrow$	극대	$\searrow$	

$S(a)$는 $a=3-\sqrt{3}$에서 극대이면서 최대이므로 $S(a)$가 최대가 되는 점 P의 x좌표는 $3-\sqrt{3}$이다.

따라서 $p=3$, $q=3$이므로

$p+q=3+3=6$　　　답 6

06-1

$A(-2, 0)$, $B(2, 0)$이고 점 C의 좌표를 $(a, 4-a^2)$ $(0<a<2)$, 사다리꼴 ABCD의 넓이를 $S(a)$라 하면

$S(a)=\dfrac{1}{2}(4+2a)(4-a^2)=-a^3-2a^2+4a+8$

$S'(a)=-3a^2-4a+4$

$\quad\ =-(3a-2)(a+2)$

$S'(a)=0$에서 $a=\dfrac{2}{3}$ $(\because 0<a<2)$

$0<a<2$에서 $S(a)$의 증가, 감소를 표로 나타내면 다음과 같다.

a	(0)	$\cdots$	$\dfrac{2}{3}$	$\cdots$	(2)
$S'(a)$		$+$	0	$-$	
$S(a)$		↗	극대	↘	

따라서 $S(a)$는 $a=\dfrac{2}{3}$일 때 극대이면서 최대이므로 점 C의 x좌표는 $\dfrac{2}{3}$이다.　　　답 ②

빈출 유형 마무리　　　본문 36~37쪽

01 ②　**02** ③　**03** ④　**04** ③　**05** ④　**06** ⑤
07 ③　**08** ④　**09** ④　**10** ①　**11** ③　**12** 39
13 15　**14** ⑤　**15** 12

01

$f(x)=-\dfrac{1}{3}x^3-ax^2-(a^2-2a+5)x+3$에서

$f'(x)=-x^2-2ax-(a^2-2a+5)$

함수 $f(x)$가 실수 전체의 집합에서 감소하려면 모든 실수 x에 대하여 $f'(x)\le0$이어야 하므로 방정식 $f'(x)=0$의 판별식을 D라 하면

$\dfrac{D}{4}=a^2-(a^2-2a+5)\le0,\ 2a-5\le0$　　$\therefore a\le\dfrac{5}{2}$

따라서 정수 a의 최댓값은 2이다.　　　답 ②

02

$f(x)=x^3-ax^2+ax+5$에서 $f'(x)=3x^2-2ax+a$
임의의 실수 x_1, x_2에 대하여 $x_1\ne x_2$일 때, $f(x_1)\ne f(x_2)$를 만족시키는 함수 $f(x)$는 일대일함수이고, $f(x)$의 최고차항의 계수가 양수이므로 함수 $f(x)$는 증가함수이다.
즉, 모든 실수 x에 대하여 $f'(x)\ge0$이어야 하므로 방정식 $f'(x)=0$의 판별식을 D라 하면

$\dfrac{D}{4}=a^2-3a\le0,\ a(a-3)\le0$　　$\therefore 0\le a\le3$

따라서 정수 a는 0, 1, 2, 3이므로 모든 정수 a의 값의 합은
$0+1+2+3=6$　　　답 ③

03

$f(x)=x^3-kx^2+3$에서 $f'(x)=3x^2-2kx=x(3x-2k)$
함수 $f(x)$가 닫힌구간 $[1,\ 2]$에서 감소하고, 구간 $[3,\ \infty)$에서 증가하려면 $1\le x\le2$일 때 $f'(x)\le0$, $x\ge3$일 때 $f'(x)\ge0$이어야 하므로 오른쪽 그림에서

$2\le\dfrac{2}{3}k\le3$

$\therefore 3\le k\le\dfrac{9}{2}$

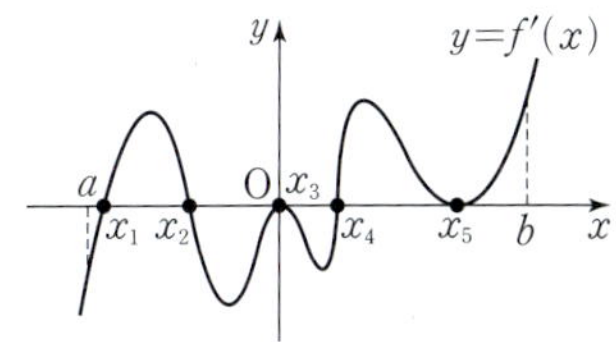

따라서 $\alpha=3$, $\beta=\dfrac{9}{2}$이므로

$\alpha+\beta=3+\dfrac{9}{2}=\dfrac{15}{2}$　　　답 ④

04

함수 $f(x)$의 역함수가 존재하려면 함수 $f(x)$가 실수 전체의 집합에서 증가함수이어야 하므로 $f'(x)\ge0$이어야 한다.
$f(x)=x^3-3x^2+ax+7$에서 $f'(x)=3x^2-6x+a$
방정식 $f'(x)=0$의 판별식을 D라 하면

$\dfrac{D}{4}=9-3a\le0$　　$\therefore a\ge3$

따라서 실수 a의 최솟값은 3이다.　　　답 ③

05

다음 그림과 같이 함수 $y=f'(x)$의 그래프가 x축과 만나는 점의 x좌표를 작은 것부터 차례대로 x_1, x_2, x_3, x_4, x_5라 하자.

(i) $x=x_1$, $x=x_4$의 좌우에서 $f'(x)$의 부호가 음에서 양으로 바뀌므로 함수 $f(x)$는 $x=x_1$, $x=x_4$에서 극솟값을 갖는다.
　　$\therefore m=2$

(ii) $x=x_2$의 좌우에서 $f'(x)$의 부호가 양에서 음으로 바뀌므로 함수 $f(x)$는 $x=x_2$에서 극댓값을 갖는다.
　　$\therefore n=1$

(i), (ii)에 의하여 $2m+n=2\times2+1=5$　　　답 ④

06

$f(x)=-x^3+4x^2-5x+6$에서

$f'(x)=-3x^2+8x-5=-(x-1)(3x-5)$

$f'(x)=0$에서 $x=1$ 또는 $x=\dfrac{5}{3}$

함수 $f(x)$의 증가, 감소를 표로 나타내면 다음과 같다.

x	$\cdots$	1	$\cdots$	$\dfrac{5}{3}$	$\cdots$
$f'(x)$	$-$	0	$+$	0	$-$
$f(x)$	↘	극소	↗	극대	↘

ㄱ. (참) 함수 $f(x)$는 닫힌구간 $\left[1,\ \dfrac{5}{3}\right]$에서 $f'(x)\ge0$이므로 증가한다.

ㄴ. (참) $x=1$의 좌우에서 $f'(x)$의 부호가 음에서 양으로 바뀌므로 함수 $f(x)$는 $x=1$에서 극솟값을 갖는다.

ㄷ. (참) $x=\dfrac{5}{3}$의 좌우에서 $f'(x)$의 부호가 양에서 음으로 바뀌므로 함수 $f(x)$는 $x=\dfrac{5}{3}$에서 극댓값을 갖는다.

따라서 옳은 것은 ㄱ, ㄴ, ㄷ이다.　　　답 ⑤

07

$f(x)=-2x^3+ax^2+bx+1$에서
$f'(x)=-6x^2+2ax+b$
$f(-1)=-3$에서 $2+a-b+1=-3$

$\therefore a-b=-6$ $\qquad\qquad$ …… ㉠

$f'(-1)=0$에서 $-6-2a+b=0$

$\therefore -2a+b=6$ $\qquad\qquad$ …… ㉡

㉠, ㉡을 연립하여 풀면 $a=0$, $b=6$

$\therefore f(x)=-2x^3+6x+1$

$f'(x)=-6x^2+6=-6(x+1)(x-1)$

$f'(x)=0$에서 $x=-1$ 또는 $x=1$

따라서 함수 $f(x)$의 극댓값은

$f(1)=-2+6+1=5$ $\qquad\qquad$ 답 ③

08

$f(x)=x^3+ax^2+3ax-4$에서 $f'(x)=3x^2+2ax+3a$

함수 $f(x)$가 극값을 갖지 않으려면 방정식 $f'(x)=0$이 중근 또는 허근을 가져야 하므로 방정식 $f'(x)=0$의 판별식을 D라 하면

$\dfrac{D}{4}=a^2-9a\le0$, $a(a-9)\le0$ $\quad\therefore 0\le a\le9$

따라서 정수 a는 0, 1, 2, $\cdots$, 8, 9의 10개이다. $\qquad$ 답 ④

09

$f(x)=x^3-ax^2+2ax+3$에서 $f'(x)-3x^2-2ax+2a$

(ⅰ) 함수 $f(x)$가 $x>1$에서 극댓값과 극솟값을 모두 가지려면 방정식 $f'(x)=0$이 $x>1$에서 서로 다른 두 실근을 가져야 하므로 방정식 $f'(x)=0$의 판별식을 D라 하면

$\dfrac{D}{4}=a^2-6a>0$, $a(a-6)>0$

$\therefore a<0$ 또는 $a>6$

(ⅱ) $f'(1)=3-2a+2a>0$에서 $3>0$이므로 모든 실수 a에 대하여 성립한다.

(ⅲ) $f'(x)=3\left(x-\dfrac{a}{3}\right)^2+2a-\dfrac{a^2}{3}$의 그래프의 축의 방정식은

$x=\dfrac{a}{3}$이므로

$\dfrac{a}{3}>1$ $\quad\therefore a>3$

(ⅰ), (ⅱ), (ⅲ)에 의하여 실수 a의 값의 범위는 $a>6$이다. $\qquad$ 답 ④

10

$f(x)=x^3+3x^2-9x+k$에서

$f'(x)=3x^2+6x-9=3(x+3)(x-1)$

$f'(x)=0$에서 $x=-3$ 또는 $x=1$

닫힌구간 $[-4, 2]$에서 함수 $f(x)$의 증가, 감소를 표로 나타내면 다음과 같다.

x	-4	$\cdots$	-3	$\cdots$	1	$\cdots$	2
$f'(x)$	$(+)$	$+$	0	$-$	0	$+$	$(+)$
$f(x)$	$k+20$	↗	$k+27$	↘	$k-5$	↗	$k+2$

따라서 함수 $f(x)$의 닫힌구간 $[-4, 2]$에서의 최댓값은 $x=-3$일 때 $k+27$, 최솟값은 $x=1$일 때 $k-5$이다.

이때, 최댓값과 최솟값의 합이 6이므로

$(k+27)+(k-5)=6$, $2k=-16$

$\therefore k=-8$ $\qquad\qquad$ 답 ①

11

$f(x)=-x^3+3x+2$에서

$f'(x)=-3x^2+3=-3(x+1)(x-1)$

$f'(x)=0$에서 $x=-1$ 또는 $x=1$

닫힌구간 $[-1, 2]$에서 함수 $f(x)$의 증가, 감소를 표로 나타내면 다음과 같다.

x	-1	$\cdots$	1	$\cdots$	2
$f'(x)$	(0)	$+$	0	$-$	$(-)$
$f(x)$	0	↗	4	↘	0

닫힌구간 $[-1, 2]$에서 함수 $f(x)$는 $x=-1$, $x=2$일 때 최솟값 0, $x=1$일 때 최댓값 4를 갖는다.

이때, $f(x)=t$라 하면 $0\le t\le4$이고,

$(f\circ f)(x)=f(f(x))=f(t)=-t^3+3t+2$

$f'(t)=-3t^2+3=-3(t+1)(t-1)$

$f'(t)=0$에서 $t=1$ $(\because 0\le t\le4)$

$0\le t\le4$에서 함수 $f(t)$의 증가, 감소를 표로 나타내면 다음과 같다.

t	0	$\cdots$	1	$\cdots$	4
$f'(t)$	$(+)$	$+$	0	$-$	$(-)$
$f(t)$	2	↗	4	↘	-50

따라서 함수 $f(t)$는 $t=4$일 때 최소이므로 구하는 함수의 최솟값은 -50이다. $\qquad$ 답 ③

12

곡선 $y=x^2$ 위의 점 Q와 점 $P(9, 8)$ 사이의 거리가 최소이어야 하므로 점 $Q(a, b)$는 제1사분면 위의 점이다.

$\therefore a>0$ $\qquad\qquad$ …… ㉠

두 점 P, Q 사이의 거리는 $\overline{PQ}=\sqrt{(a-9)^2+(b-8)^2}$

점 $Q(a, b)$는 곡선 $y=x^2$ 위의 점이므로 $b=a^2$

$\therefore \overline{PQ}^2=(a-9)^2+(a^2-8)^2=a^4-15a^2-18a+145$

$f(a)=a^4-15a^2-18a+145$라 하면 $f(a)$가 최소일 때, $\overline{PQ}$의 길이가 최소이다.

$f'(a)=4a^3-30a-18=2(a-3)(2a^2+6a+3)$

$f'(a)=0$에서 $a=3$ $(\because ㉠)$

함수 $f(a)$의 증가, 감소를 표로 나타내면 다음과 같다.

a	(0)	$\cdots$	3	$\cdots$
$f'(a)$		$-$	0	$+$
$f(a)$		↘	극소	↗

따라서 $f(a)$는 $a=3$일 때 극소이면서 최소이고, $b=a^2=9$이므로

$10a+b=10\times3+9=39$ $\qquad\qquad$ 답 39

13

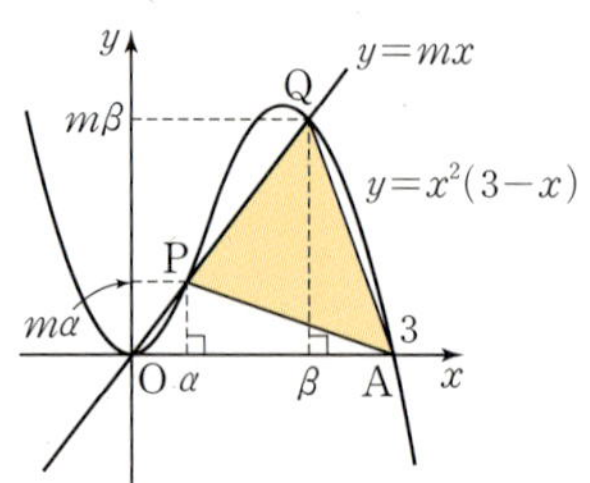

$x^2(3-x)=mx$에서 $x(x^2-3x+m)=0$

이때, $x^2-3x+m=0$의 서로 다른 두 근을 α, $\beta\,(0<\alpha<\beta)$라 하면 근과 계수의 관계에 의하여

$\alpha+\beta=3$, $\alpha\beta=m$

또한 이차방정식 $x^2-3x+m=0$의 판별식을 D라 하면

$D=9-4m>0$이고, $m>0$이므로 $0<m<\dfrac{9}{4}$ $\quad\cdots\cdots$ ㉠

한편, 삼각형 APQ의 넓이를 S라 하면

$S=($삼각형 OAQ의 넓이$)-($삼각형 OAP의 넓이$)$

$=\dfrac{1}{2}\times 3\times m\beta-\dfrac{1}{2}\times 3\times m\alpha$

$=\dfrac{3}{2}m(\beta-\alpha)$

$=\dfrac{3}{2}m\sqrt{9-4m}\ (\because \beta-\alpha=\sqrt{(\alpha+\beta)^2-4\alpha\beta})$

$=\dfrac{3}{2}\sqrt{-4m^3+9m^2}$

이때, $f(m)=-4m^3+9m^2$이라 하면

$f'(m)=-12m^2+18m=-6m(2m-3)$

$f'(m)=0$에서 $m=\dfrac{3}{2}$ $(\because$ ㉠$)$

함수 $f(m)$의 증가, 감소를 표로 나타내면 다음과 같다.

m	(0)	$\cdots$	$\dfrac{3}{2}$	$\cdots$	$\left(\dfrac{9}{4}\right)$
$f'(m)$		$+$	0	$-$	
$f(m)$		↗	극대	↘	

따라서 $m=\dfrac{3}{2}$일 때, 함수 $f(m)$은 극대이면서 최대이므로 △APQ의 넓이는 최대이다.

$\therefore 10m=10\times\dfrac{3}{2}=15$ 　　　　　🗒 15

14

$f(x)=x^3-3x+a$에서

$f'(x)=3x^2-3=3(x+1)(x-1)$

$f'(x)=0$에서 $x=-1$ 또는 $x=1$

함수 $f(x)$의 증가와 감소를 표로 나타내면 다음과 같다.

x	$\cdots$	-1	$\cdots$	1	$\cdots$
$f'(x)$	$+$	0	$-$	0	$+$
$f(x)$	↗	$2+a$	↘	$-2+a$	↗

따라서 함수 $f(x)$는 $x=-1$에서 극댓값 $2+a$를 가지므로

$2+a=7$이어야 한다.

$\therefore a=5$ 　　　　　🗒 ⑤

15

$f(x)=x^3+ax^2-a^2x+2$에서

$f'(x)=3x^2+2ax-a^2=(x+a)(3x-a)$

$f'(x)=0$에서 $x=-a$ 또는 $x=\dfrac{a}{3}$

함수 $f(x)$의 증가, 감소를 표로 나타내면 다음과 같다. (단, $a>0$)

x	$-a$	$\cdots$	$\dfrac{a}{3}$	$\cdots$	a
$f'(x)$	(0)	$-$	0	$+$	$(+)$
$f(x)$	a^3+2	↘	$-\dfrac{5}{27}a^3+2$	↗	a^3+2

$f(x)$는 $x=\dfrac{a}{3}$에서 극소이면서 최소이므로

$-\dfrac{5}{27}a^3+2=\dfrac{14}{27}$

$a^3=8$ 　　$\therefore a=2$

함수 $f(x)$는 $x=-a$, $x=a$에서 최댓값 a^3+2를 가지므로

$M=a^3+2=2^3+2=10$

$\therefore a+M=2+10=12$ 　　　　　🗒 12

04 | 도함수의 활용 (3)

유형 01

x에 대한 방정식 $2x^3-3x^2+k=0$, 즉 $2x^3-3x^2=-k$의 실근의 개수는 두 함수 $y=2x^3-3x^2$, $y=-k$의 그래프의 교점의 개수와 같다.

$f(x)=2x^3-3x^2$이라 하면

$f'(x)=6x^2-6x=6x(x-1)$

$f'(x)=0$에서 $x=0$ 또는 $x=1$

함수 $f(x)$의 증가, 감소를 표로 나타내면 다음과 같다.

x	$\cdots$	0	$\cdots$	1	$\cdots$
$f'(x)$	$+$	0	$-$	0	$+$
$f(x)$	$\nearrow$	0	$\searrow$	-1	$\nearrow$

함수 $y=f(x)$의 그래프는 오른쪽 그림과 같고, 이 그래프는 직선 $y=-k$와 서로 다른 세 점에서 만나야 하므로

$-1<-k<0$

$\therefore 0<k<1$

따라서 $\alpha=0$, $\beta=1$이므로

$\alpha+\beta=0+1=1$　　　　　　　　　답 ④

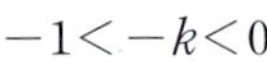

01-1

x에 대한 방정식 $x^3-3x^2+a=0$, 즉 $x^3-3x^2=-a$의 실근의 개수는 두 함수 $y=x^3-3x^2$, $y=-a$의 그래프의 교점의 개수와 같다.

$f(x)=x^3-3x^2$이라 하면

$f'(x)=3x^2-6x=3x(x-2)$

$f'(x)=0$에서 $x=0$ 또는 $x=2$

함수 $f(x)$의 증가, 감소를 표로 나타내면 다음과 같다.

x	$\cdots$	0	$\cdots$	2	$\cdots$
$f'(x)$	$+$	0	$-$	0	$+$
$f(x)$	$\nearrow$	0	$\searrow$	-4	$\nearrow$

함수 $y=f(x)$의 그래프는 오른쪽 그림과 같고, 이 그래프는 직선 $y=-a$와 서로 다른 세 점에서 만나야 하므로

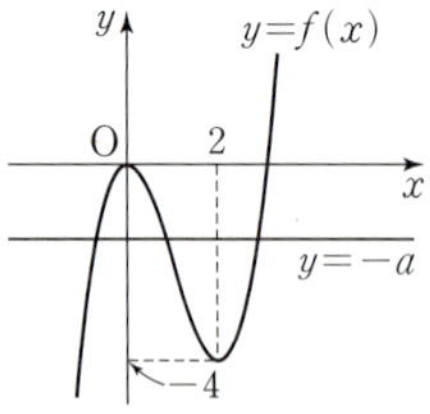

$-4<-a<0$

$\therefore 0<a<4$

따라서 정수 a는 1, 2, 3이므로 정수 a의 값의 합은

$1+2+3=6$　　　　　　　　　답 ⑤

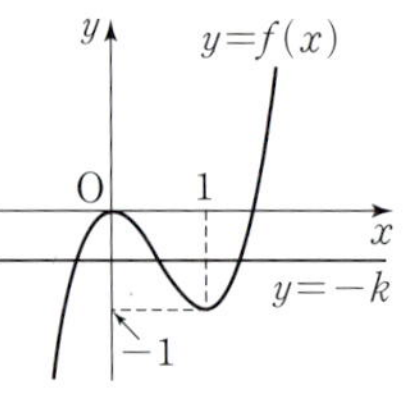

01-2

x에 대한 방정식 $-2x^3+3x^2+12x-a=0$, 즉 $-2x^3+3x^2+12x=a$의 실근의 개수는 두 함수 $y=-2x^3+3x^2+12x$, $y=a$의 그래프의 교점의 개수와 같다.

$f(x)=-2x^3+3x^2+12x$라 하면

$f'(x)=-6x^2+6x+12=-6(x+1)(x-2)$

$f'(x)=0$에서 $x=-1$ 또는 $x=2$

함수 $f(x)$의 증가, 감소를 표로 나타내면 다음과 같다.

x	$\cdots$	-1	$\cdots$	2	$\cdots$
$f'(x)$	$-$	0	$+$	0	$-$
$f(x)$	$\searrow$	-7	$\nearrow$	20	$\searrow$

함수 $y=f(x)$의 그래프는 오른쪽 그림과 같고, 이 그래프는 직선 $y=a$와 y축의 왼쪽에서 1개, 오른쪽에서 2개의 교점을 가져야 하므로

$0<a<20$

따라서 정수 a의 최댓값은 19이다.　　　답 ③

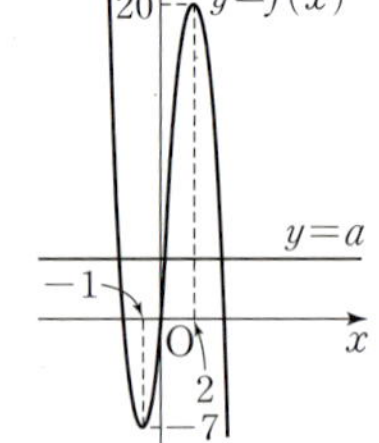

유형 02

$x^3\geq 3x+a$에서 $x^3-3x-a\geq 0$

$f(x)=x^3-3x-a$라 하면

$f'(x)=3x^2-3=3(x+1)(x-1)$

$f'(x)=0$에서 $x=1$ $(\because x\geq 0)$

$x\geq 0$에서 함수 $f(x)$의 증가, 감소를 표로 나타내면 다음과 같다.

x	0	$\cdots$	1	$\cdots$
$f'(x)$		$-$	0	$+$
$f(x)$	$-a$	$\searrow$	$-2-a$	$\nearrow$

$x\geq 0$일 때, 함수 $f(x)$는 $x=1$에서 극소이면서 최소이므로 최솟값은 $-2-a$이다.

즉, $x\geq 0$일 때 $f(x)\geq 0$이려면 $f(1)\geq 0$이어야 하므로

$-2-a\geq 0$　　$\therefore a\leq -2$

따라서 실수 a의 최댓값은 -2이다.　　　답 ②

02-1

$f(x)=4x^3-3x^2-6x-a$라 하면

$f'(x)=12x^2-6x-6=6(2x+1)(x-1)$

$f'(x)=0$에서 $x=1$ $(\because x>0)$

$x>0$에서 함수 $f(x)$의 증가, 감소를 표로 나타내면 다음과 같다.

x	(0)	$\cdots$	1	$\cdots$
$f'(x)$		$-$	0	$+$
$f(x)$		$\searrow$	$-5-a$	$\nearrow$

$x>0$일 때, 함수 $f(x)$는 $x=1$에서 극소이면서 최소이므로 최솟값은 $-5-a$이다.

즉, $x>0$일 때 $f(x)>0$이려면 $f(1)>0$이어야 하므로

$-5-a>0$　　$\therefore a<-5$

따라서 정수 a의 최댓값은 -6이다.　　　답 ③

02-2

$f(x)=x^4-4x^3+a$라 하면

$f'(x)=4x^3-12x^2=4x^2(x-3)$

$f'(x)=0$에서 $x=0$ 또는 $x=3$

함수 $f(x)$의 증가, 감소를 표로 나타내면 다음과 같다.

x	$\cdots$	0	$\cdots$	3	$\cdots$
$f'(x)$	$-$	0	$-$	0	$+$
$f(x)$	$\searrow$	a	$\searrow$	$-27+a$	$\nearrow$

함수 $f(x)$는 $x=3$에서 극소이면서 최소이므로 최솟값은
$-27+a$이다.
즉, 모든 실수 x에 대하여 $f(x) \geq 0$이려면 $f(3) \geq 0$이어야 하므로 $-27+a \geq 0$ $\quad \therefore a \geq 27$
따라서 실수 a의 최솟값은 27이다. 답 ④

유형 03

시각 t에서의 두 점 P, Q의 속도를 각각 v_{P}, v_{Q}라 하면
$v_{\mathrm{P}}=P'(t)=t^2-2$, $v_{\mathrm{Q}}=Q'(t)=2t+1$
두 점 P, Q의 속도가 같으므로 $v_{\mathrm{P}}=v_{\mathrm{Q}}$에서
$t^2-2=2t+1$, $t^2-2t-3=0$
$(t+1)(t-3)=0$ $\quad \therefore t=3 \; (\because t \geq 0)$
따라서 $t=3$일 때, 두 점 P, Q의 위치는 각각
$$P(3)=\frac{1}{3} \times 3^3 - 2 \times 3 = 3, \quad Q(3)=3^2+3=12$$
이므로 두 점 P, Q 사이의 거리는
$12-3=9$ 답 ⑤

03-1

ㄱ. (참) 속도가 0일 때 점 P는 운동 방향을 바꾸므로 점 P는
$\quad$ $t=2$, $t=5$일 때 운동 방향을 2번 바꾼다.
ㄴ. (참) 속력은 속도의 크기(절댓값)이므로 $0 \leq t \leq 6$에서 점 P의
$\quad$ 속력의 최댓값은 $|-2|=|2|=2$이다.
ㄷ. (참) 점 P의 가속도는 $v'(t)$, 즉 $v(t)$의 그래프의 기울기와 같
$\quad$ 으므로 $1<t<3$에서 점 P의 가속도는 일정하다.
따라서 옳은 것은 ㄱ, ㄴ, ㄷ이다. 답 ⑤

유형 04

t초 후의 직사각형의 가로의 길이는 $(10+t)$ cm, 세로의 길이는
$(5+2t)$ cm이므로 t초 후의 직사각형의 넓이를 S cm^{2}라 하면
$S=(10+t)(5+2t)=2t^2+25t+50$
$$\therefore \frac{dS}{dt}=4t+25$$
직사각형이 정사각형이 되는 순간은 가로의 길이와 세로의 길이가
같아지는 순간이므로
$10+t=5+2t$에서 $t=5$
따라서 $t=5$일 때, 직사각형의 넓이의 변화율은
$4 \times 5 + 25 = 45$ (cm^2/s) 답 ⑤

04-1

t초 후의 수면의 반지름의 길이를
r cm, 그릇에 담긴 물의 높이를
h cm라 하면
$r : h = 20 : 40$ $\quad \therefore r=\frac{1}{2}h$
물의 부피를 V cm^{3}라 하면

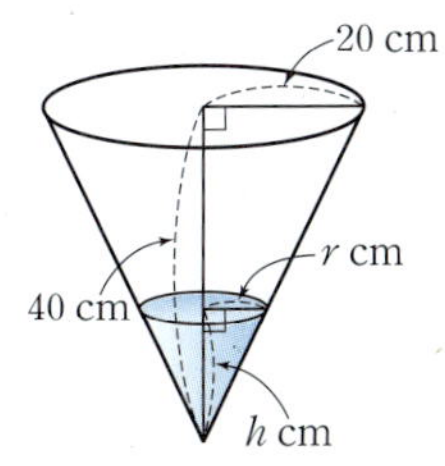

$$V=\frac{1}{3}\pi r^2 h = \frac{1}{3}\pi \times \left(\frac{1}{2}h\right)^2 \times h = \frac{1}{12}\pi h^3$$

이때, $h=3t$이므로 $V=\frac{1}{12}\pi \times (3t)^3 = \frac{9}{4}\pi t^3$

양변을 t에 대하여 미분하면 $\dfrac{dV}{dt}=\dfrac{27}{4}\pi t^2$

$h=30$일 때 $t=10$이므로 물의 부피의 변화율은

$$\frac{dV}{dt}=\frac{27}{4}\pi \times 10^2 = 675\pi \; (\text{cm}^3/\text{s})$$ 답 ④

빈출 유형 **마무리**					본문 41~42쪽
01 ③	**02** ②	**03** ⑤	**04** ②	**05** ①	**06** ①
07 ④	**08** 20	**09** ③	**10** ③	**11** ④	**12** ①
13 ②	**14** ④				

01

x에 대한 방정식 $-2x^3+6x-k=0$, 즉
$-2x^3+6x=k$의 실근의 개수는 두 함수
$y=-2x^3+6x$, $y=k$의 그래프의 교점의 개수와 같다.
$f(x)=-2x^3+6x$라 하면
$f'(x)=-6x^2+6=-6(x+1)(x-1)$
$f'(x)=0$에서 $x=-1$ 또는 $x=1$
함수 $f(x)$의 증가, 감소를 표로 나타내면 다음과 같다.

x	$\cdots$	-1	$\cdots$	1	$\cdots$
$f'(x)$	$-$	0	$+$	0	$-$
$f(x)$	$\searrow$	-4	$\nearrow$	4	$\searrow$

함수 $y=f(x)$의 그래프는 오른쪽 그림과
같고, 이 그래프는 직선 $y=k$와 서로 다른
세 점에서 만나야 하므로
$-4<k<4$
따라서 정수 k의 최댓값은 3이다.

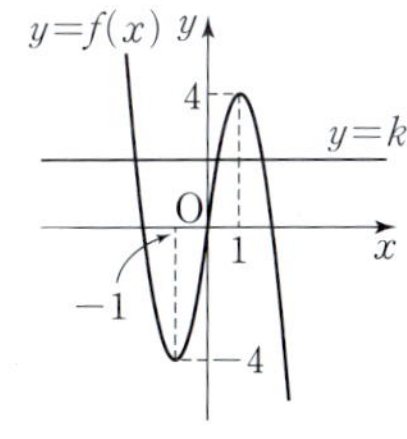

답 ③

02

x에 대한 방정식 $x^3-6x^2+9x-3=k$의 실근의 개수는 두 함수
$y=x^3-6x^2+9x-3$, $y=k$의 그래프의 교점의 개수와 같다.
$f(x)=x^3-6x^2+9x-3$이라 하면
$f'(x)=3x^2-12x+9=3(x-1)(x-3)$
$f'(x)=0$에서 $x=1$ 또는 $x=3$
함수 $f(x)$의 증가, 감소를 표로 나타내면 다음과 같다.

x	$\cdots$	1	$\cdots$	3	$\cdots$
$f'(x)$	$+$	0	$-$	0	$+$
$f(x)$	$\nearrow$	1	$\searrow$	-3	$\nearrow$

함수 $y=f(x)$의 그래프는 오른쪽 그림과 같고, 이 그래프는 직선 $y=k$와 서로 다른 두 점에서 만나야 하므로
$k=-3$ 또는 $k=1$
따라서 모든 실수 k의 값의 합은
$-3+1=-2$ 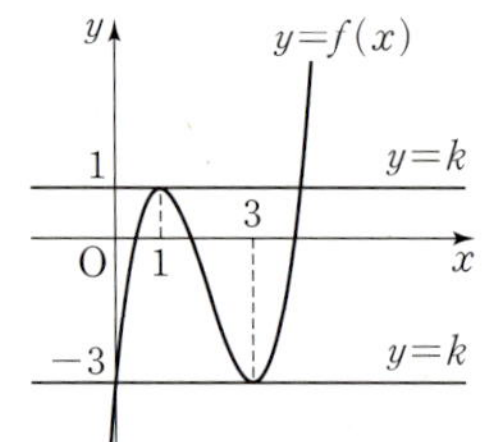 답 ②

03

$-2x^3+3x^2=a$이므로 $f(x)=-2x^3+3x^2$이라 하면
$f'(x)=-6x^2+6x=-6x(x-1)$
$f'(x)=0$에서 $x=0$ 또는 $x=1$
함수 $f(x)$의 증가, 감소를 표로 나타내면 다음과 같다.

x	$\cdots$	0	$\cdots$	1	$\cdots$
$f'(x)$	$-$	0	$+$	0	$-$
$f(x)$	$\searrow$	0	$\nearrow$	1	$\searrow$

함수 $y=f(x)$의 그래프는 다음과 같다.

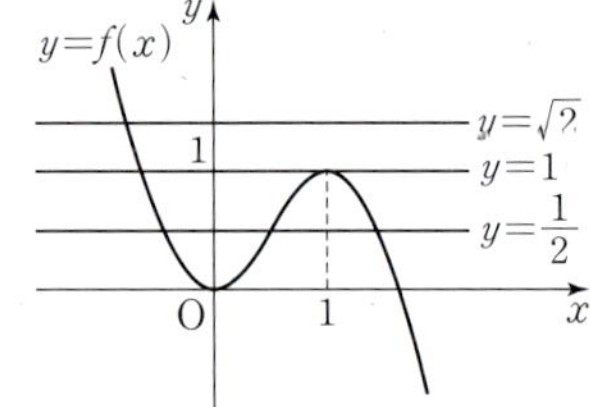

ㄱ. (참) $a=\dfrac{1}{2}$이면 함수 $y=f(x)$의 그래프와 직선 $y=\dfrac{1}{2}$이 서로 다른 세 점에서 만나므로 방정식은 서로 다른 세 개의 실근을 갖는다.

ㄴ. (참) $a=1$이면 함수 $y=f(x)$의 그래프와 직선 $y=1$은 서로 다른 두 점에서 만나므로 방정식은 서로 다른 두 개의 실근 (그 중 한 개는 중근)을 갖는다.

ㄷ. (참) $a=\sqrt{2}$이면 함수 $y=f(x)$의 그래프와 직선 $y=\sqrt{2}$는 한 점에서 만나므로 방정식은 한 개의 실근을 갖는다.

따라서 옳은 것은 ㄱ, ㄴ, ㄷ이다. 답 ⑤

04

$f(x)=2x^3-6ax^2+8$이라 하면
$f'(x)=6x^2-12ax=6x(x-2a)$
$f'(x)=0$에서 $x=0$ 또는 $x=2a$
$a>0$이므로 $x\geq0$에서 함수 $f(x)$의 증가, 감소를 표로 나타내면 다음과 같다.

x	0	$\cdots$	$2a$	$\cdots$
$f'(x)$	(0)	$-$	0	$+$
$f(x)$	8	$\searrow$	$-8a^3+8$	$\nearrow$

$x\geq0$일 때, 함수 $f(x)$는 $x=2a$에서 극소이면서 최소이므로 최솟값은 $-8a^3+8$이다.
즉, $x\geq0$일 때 $f(x)\geq0$이려면 $f(2a)\geq0$이어야 하므로
$-8a^3+8\geq0$, $(a-1)(a^2+a+1)\leq0$
$\therefore 0<a\leq1$ $(\because a>0, a^2+a+1>0)$
따라서 양수 a의 최댓값은 1이다. 답 ②

05

$f(x)=2x^3-\dfrac{3}{2}x^2-3x-a+\dfrac{3}{2}$이라 하면
$f'(x)=6x^2-3x-3=3(2x+1)(x-1)$
$f'(x)=0$에서 $x=-\dfrac{1}{2}$ 또는 $x=1$
$x\geq-1$에서 함수 $f(x)$의 증가, 감소를 표로 나타내면 다음과 같다.

x	-1	$\cdots$	$-\dfrac{1}{2}$	$\cdots$	1	$\cdots$
$f'(x)$	$(+)$	$+$	0	$-$	0	$+$
$f(x)$	$-a+1$	$\nearrow$	$\dfrac{19}{8}-a$	$\searrow$	$-a-1$	$\nearrow$

$x\geq-1$일 때, 함수 $f(x)$는 $x=1$에서 극소이면서 최소이므로 최솟값은 $-a-1$이다.
따라서 $x\geq-1$일 때, $f(x)>0$이려면 $f(1)>0$이어야 하므로
$-a-1>0$ $\therefore a<-1$ 답 ①

06

$f(x)=-x^4-2kx^2+4(k+1)x-k^2$이라 하면
$f'(x)=-4x^3-4kx+4(k+1)$
$\qquad=-4(x-1)(x^2+x+k+1)$
$f'(x)=0$에서 $x=1$ $(\because k>0, x^2+x+k+1>0)$
함수 $f(x)$의 증가, 감소를 표로 나타내면 다음과 같다.

x	$\cdots$	1	$\cdots$
$f'(x)$	$+$	0	$-$
$f(x)$	$\nearrow$	$-k^2+2k+3$	$\searrow$

함수 $f(x)$는 $x=1$에서 극대이면서 최대이므로 최댓값은 $-k^2+2k+3$이다.
즉, 모든 실수 x에 대하여 $f(x)\leq0$이려면 $f(1)\leq0$이어야 하므로 $-k^2+2k+3\leq0$, $(k+1)(k-3)\geq0$
$\therefore k\geq3$ $(\because k>0)$
따라서 양수 k의 최솟값은 3이다. 답 ①

07

$f(x)\geq g(x)$에서 $2x^3-x^2+5\geq x^2+2x+a$이므로
$h(x)=f(x)-g(x)$라 하면
$h(x)=2x^3-2x^2-2x+5-a$
$h'(x)=6x^2-4x-2=2(3x+1)(x-1)$
$h'(x)=0$에서 $x=1$ $(\because x>0)$
함수 $h(x)$의 증가, 감소를 표로 나타내면 다음과 같다.

x	(0)	$\cdots$	1	$\cdots$
$h'(x)$		$-$	0	$+$
$h(x)$		$\searrow$	$3-a$	$\nearrow$

$x>0$일 때, 함수 $h(x)$는 $x=1$에서 극소이면서 최소이므로 최솟값은 $3-a$이다.

Ⅲ. 적분

02 | 정적분

유형 01

함수 $f(x)$가 모든 실수 x에서 미분가능하므로 $x=1$에서도 미분가능하다.

$g(x)=3x^2+2ax$, $h(x)=2x+b$로 놓으면

(ⅰ) $x=1$에서 연속이므로 $g(1)=h(1)$

$3+2a=2+b$　　∴ $2a-b=-1$　　　　　…… ㉠

(ⅱ) $x=1$에서 미분계수가 존재하므로 $g'(1)=h'(1)$

이때, $g'(x)=6x+2a$, $h'(x)=2$이므로

$6+2a=2$　　∴ $a=-2$

$a=-2$를 ㉠에 대입하면 $b=-3$

$$\therefore f(x)=\begin{cases}3x^2-4x & (x<1)\\ 2x-3 & (x\geq 1)\end{cases}$$

$$\therefore \int_{-1}^{2}f(x)dx=\int_{-1}^{1}(3x^2-4x)dx+\int_{1}^{2}(2x-3)dx$$

$$=\left[x^3-2x^2\right]_{-1}^{1}+\left[x^2-3x\right]_{1}^{2}$$

$$=(1-2)-(-1-2)+(4-6)-(1-3)$$

$$=2$$

답 ②

01-1

$$f(x)=4|x(x-3)^2|=\begin{cases}-4x(x-3)^2 & (x\leq 0)\\ 4x(x-3)^2 & (x>0)\end{cases}$$

$$\therefore \int_{-1}^{3}4|x(x-3)^2|dx$$

$$=\int_{-1}^{0}\{-4x(x-3)^2\}dx+\int_{0}^{3}4x(x-3)^2dx$$

$$=\int_{-1}^{0}(-4x^3+24x^2-36x)dx+\int_{0}^{3}(4x^3-24x^2+36x)dx$$

$$=\left[-x^4+8x^3-18x^2\right]_{-1}^{0}+\left[x^4-8x^3+18x^2\right]_{0}^{3}$$

$$=-(-1-8-18)+(81-216+162)=54$$

답 54

01-2

조건 ㈎에서 $\displaystyle\int_{-1}^{4}f(x)dx=\int_{4}^{9}f(x)dx$

조건 ㈏에서 $\displaystyle\int_{-1}^{1}f(x)dx=2$, $\displaystyle\int_{1}^{9}f(x)dx=12$이므로

$$\int_{-1}^{1}f(x)dx+\int_{1}^{9}f(x)dx=\int_{-1}^{9}f(x)dx=14 \quad\cdots\cdots ㉠$$

이때, $\displaystyle\int_{-1}^{9}f(x)dx=\int_{-1}^{4}f(x)dx+\int_{4}^{9}f(x)dx=2\int_{4}^{9}f(x)dx$

$$\cdots\cdots ㉡$$

㉠, ㉡에서 $\displaystyle\int_{4}^{9}f(x)dx=7$

$$\therefore \int_{1}^{4}f(x)dx=\int_{1}^{9}f(x)dx-\int_{4}^{9}f(x)dx=12-7=5$$

답 5

유형 02

$$f(x)-g(x)=(ax^2+bx)-(mx+9)$$

$$=ax^2+(b-m)x-9$$

또한 두 그래프의 교점의 x좌표가 -1, 3이므로

$$f(x)-g(x)=a(x+1)(x-3)$$

$$=ax^2-2ax-3a$$

∴ $a=3$

$$\therefore \int_{-3}^{3}\{f(x)+2g(x)\}dx$$

$$=\int_{-3}^{3}\{ax^2+bx+2(mx+9)\}dx$$

$$=\int_{-3}^{3}\{3x^2+(b+2m)x+18\}dx$$

$$=\int_{-3}^{3}(3x^2+18)dx\left(\because \int_{-3}^{3}(b+2m)xdx=0\right)$$

$$=2\int_{0}^{3}(3x^2+18)dx$$

$$=2\left[x^3+18x\right]_{0}^{3}$$

$$=2(27+54)=162$$

답 162

02-1

조건 ㈎에서

$$\int_{-2}^{-1}f(x)dx=\int_{1}^{2}f(x)dx=\int_{0}^{2}f(x)dx-\int_{0}^{1}f(x)dx$$

$$=4-3=1 \,(\because 조건 ㈏)$$

$g(x)=xf(x)$로 놓으면

조건 ㈎에서 $g(-x)=-g(x)$이므로

$$\int_{-2}^{-1}xf(x)dx=-\int_{1}^{2}xf(x)dx=-5$$

$$\int_{-1}^{1}xf(x)dx=0$$

$$\therefore \int_{-2}^{1}(x+1)f(x)dx$$

$$=\int_{-2}^{-1}(x+1)f(x)dx+\int_{-1}^{1}(x+1)f(x)dx$$

$$=\int_{-2}^{-1}xf(x)dx+\int_{-2}^{-1}f(x)dx+\int_{-1}^{1}xf(x)dx+\int_{-1}^{1}f(x)dx$$

$$=\int_{-2}^{-1}xf(x)dx+\int_{-2}^{-1}f(x)dx+2\int_{0}^{1}f(x)dx$$

$$=-5+1+6=2$$

답 ④

유형 03

$\displaystyle\int_{1}^{x}f(t)dt=3x^3+4ax^2-ax$의 양변에 $x=1$을 대입하면

$0=3+4a-a$, $3a=-3$　　∴ $a=-1$

$\displaystyle\int_{1}^{x}f(t)dt=3x^3-4x^2+x$의 양변을 x에 대하여 미분하면

$f(x)=9x^2-8x+1$

∴ $f(2)=21$

답 ④

03-1

$f(t)=|t|^3+|t|$로 놓으면

$$\lim_{h \to 0}\frac{1}{h}\int_{-2}^{h-2}(|t|^3+|t|)dt=\lim_{h \to 0}\frac{1}{h}\int_{-2}^{h-2}f(t)dt$$
$$=f(-2)$$
$$=|-2|^3+|-2|$$
$$=10$$

$f(t)=|t|^3+|t|$, $F'(t)=f(t)$로 놓으면

$$\lim_{h \to 0}\frac{1}{h}\int_{-2}^{h-2}(|t|^3+|t|)dt$$

$$=\lim_{h \to 0}\frac{1}{h}\int_{-2}^{h-2}f(t)dt$$

$$=\lim_{h \to 0}\frac{F(h-2)-F(-2)}{h}$$

$$=F'(-2)=f(-2)=10$$ 　　　　답 ④

03-2

$f(x)=x^3-2x+2\int_{2}^{x}f'(t)dt$의 양변을 x에 대하여 미분하면

$f'(x)=3x^2-2+2f'(x)$

$\therefore f'(x)=-3x^2+2$

$\therefore f(x)=-x^3+2x+C$ (단, C는 적분상수)

$f(x)=x^3-2x+2\int_{2}^{x}f'(t)dt$의 양변에 $x=2$를 대입하면

$$f(2)=4\left(\because \int_{2}^{2}f'(t)dt=0\right)$$

이때, $f(2)=-4+C$이므로

$-4+C=4$ 　　$\therefore C=8$

따라서 $f(x)=-x^3+2x+8$이므로

$f(-3)=29$ 　　　　답 ②

03-3

$\int_{1}^{x}xf(t)dt=\int_{1}^{x}tf(t)dt+ax^3+bx^2+2$의 양변을 x에 대하여 미분하면

$$\int_{1}^{x}f(t)dt+xf(x)=xf(x)+3ax^2+2bx$$

$$\therefore \int_{1}^{x}f(t)dt=3ax^2+2bx \qquad \cdots\cdots \text{㉠}$$

㉠의 양변을 x에 대하여 미분하면

$f(x)=6ax+2b$

$\int_{1}^{x}xf(t)dt=\int_{1}^{x}tf(t)dt+ax^3+bx^2+2$의 양변에 $x=1$을 대입하면

$0=0+a+b+2$

$$\therefore a+b=-2 \qquad \cdots\cdots \text{㉡}$$

㉠의 양변에 $x=1$을 대입하면

$$3a+2b=0 \qquad \cdots\cdots \text{㉢}$$

㉡, ㉢을 연립하여 풀면

$a=4$, $b=-6$

따라서 $f(x)=24x-12$이므로

$f(2)=36$ 　　　　답 ③

01 ② 　　**02** 5 　　**03** ③ 　　**04** ⑤ 　　**05** ④ 　　**06** 12
07 ①

01

모든 실수 x에 대하여 $f'(x)<0$이므로 함수 $f(x)$는 감소하는 함수이다.

이때, $f(1)=0$이므로

$x<1$일 때 $f(x)>0$, $x>1$일 때 $f(x)<0$이다.

$\int_{-3}^{2}f(x)dx=2$에서

$$\int_{-3}^{1}f(x)dx+\int_{1}^{2}f(x)dx=2 \qquad \cdots\cdots \text{㉠}$$

$\int_{-3}^{2}|f(x)|dx=4$에서

$$\int_{-3}^{1}f(x)dx-\int_{1}^{2}f(x)dx=4 \qquad \cdots\cdots \text{㉡}$$

㉠, ㉡을 연립하여 풀면

$$\int_{-3}^{1}f(x)dx=3, \ \int_{1}^{2}f(x)dx=-1 \qquad \text{답 ②}$$

02

$$\int_{0}^{1}(x-k)^2f(x)dx$$

$$=\int_{0}^{1}\{k^2f(x)-2kxf(x)+x^2f(x)\}dx$$

$$=k^2\int_{0}^{1}f(x)dx-2k\int_{0}^{1}xf(x)dx+\int_{0}^{1}x^2f(x)dx$$

조건 ㈎에서 $\int_{0}^{1}f(x)dx=1$, $\int_{0}^{1}xf(x)dx=2$이므로

$$\int_{0}^{1}(x-k)^2f(x)dx=k^2-4k+\int_{0}^{1}x^2f(x)dx$$

$$=(k-2)^2+\int_{0}^{1}x^2f(x)dx-4$$

따라서 $\int_{0}^{1}(x-k)^2f(x)dx$는 k에 대한 이차식이므로 $k=2$일 때

최솟값 $\int_{0}^{1}x^2f(x)dx-4$를 갖는다.

조건 ㈏에서 $\int_{0}^{1}(x-k)^2f(x)dx$의 최솟값이 1이므로

$$\int_{0}^{1}x^2f(x)dx-4=1$$

$$\therefore \int_{0}^{1}x^2f(x)dx=5 \qquad \text{답 5}$$

03

조건 ㈏에서

$$\int_{0}^{2}g'(t)dt=\Big[g(t)\Big]_{0}^{2}=g(2)-g(0)=2f(1)$$

조건 ㈎에 대입하면

$$f(x)=6x+\frac{1}{3}\int_{0}^{2}g'(t)dt=6x+\frac{2}{3}f(1)$$

양변에 $x=1$을 대입하면

$$f(1)=6+\frac{2}{3}f(1) \qquad \therefore f(1)=18$$

따라서 $f(x)=6x+12$이므로

$$\int_0^4 f(x)dx-\int_2^4 f(x)dx-\int_0^{-2} f(x)dx$$
$$=\int_0^2 f(x)dx+\int_{-2}^0 f(x)dx$$
$$=\int_{-2}^2 f(x)dx=\int_{-2}^2 (6x+12)dx$$
$$=2\int_0^2 12\,dx=2\Big[12x\Big]_0^2$$
$$=2\times 24=48$$

📖 ③

04

조건 ㈎에서 함수 $f(x)$는 차수가 홀수인 항으로만 이루어진 삼차함수이다.

$f(x)=mx^3+nx$ $(m,\ n$은 상수$)$로 놓으면

$f'(x)=3mx^2+n$

조건 ㈏에서 함수 $f(x)$는 $x=-1$에서 극댓값 2를 가지므로

$f'(-1)=0$이고, $f(-1)=2$이다.

$f'(-1)=3m+n=0$ …… ㉠

$f(-1)=-m-n=2$ …… ㉡

㉠, ㉡을 연립하여 풀면

$m=1,\ n=-3$

$\therefore f(x)=x^3-3x$

따라서 $f'(x)=3x^2-3$이므로

$$\int_{-1}^1 |f'(x)|dx=\int_{-1}^1 |3x^2-3|dx=\int_{-1}^1 (-3x^2+3)dx$$
$$=2\int_0^1 (-3x^2+3)dx=2\Big[-x^3+3x\Big]_0^1$$
$$=2(-1+3)=4$$

📖 ⑤

05

$f'(-1)=f'(1)=0$이므로

$f'(x)=a(x+1)(x-1)=ax^2-a$ (단, $a>0$)

$f(0)=0$이므로

$$f(x)=\frac{1}{3}ax^3-ax$$

$$\int_{-\sqrt3}^{\sqrt3} |f(x)|dx=2\int_0^{\sqrt3} \left|\frac{1}{3}ax^3-ax\right|dx$$
$$=2a\int_0^{\sqrt3} \left|\frac{1}{3}x^3-x\right|dx$$
$$=2a\int_0^{\sqrt3} \left(x-\frac{1}{3}x^3\right)dx$$
$$=2a\Big[\frac{1}{2}x^2-\frac{1}{12}x^4\Big]_0^{\sqrt3}$$
$$=2a\left(\frac{3}{2}-\frac{3}{4}\right)=\frac{3}{2}a=36$$

$\therefore a=24$

따라서 $f(x)=8x^3-24x$이므로 $x=-1$에서 극댓값 16을 갖는다.

📖 ④

06

$$\int_2^x (x-t)f(t)dt=ax^3-bx^2+4$$에서

$$x\int_2^x f(t)dt-\int_2^x tf(t)dt=ax^3-bx^2+4 \qquad …… ㉠$$

㉠의 양변을 x에 대하여 미분하면

$$\int_2^x f(t)dt+xf(x)-xf(x)=3ax^2-2bx$$

$$\therefore \int_2^x f(t)dt=3ax^2-2bx \qquad …… ㉡$$

㉡의 양변을 x에 대하여 미분하면

$f(x)=6ax-2b$

㉠의 양변에 $x=2$를 대입하면

$0=8a-4b+4 \qquad \therefore 2a-b=-1 \qquad …… ㉢$

㉡의 양변에 $x=2$를 대입하면

$0=12a-4b \qquad \therefore 3a-b=0 \qquad …… ㉣$

㉢, ㉣을 연립하여 풀면 $a=1,\ b=3$

따라서 $f(x)=6x-6$이므로

$f(ab)=f(3)=12$

📖 12

07

$f(-x)=-f(x)$에 $x=0$을 대입하면

$f(0)=-f(0)$

$\therefore f(0)=0 \qquad …… ㉠$

$h(-x)=f(-x)g(-x)=-f(x)g(x)=-h(x)$이므로

함수 $y=h(x)$의 그래프는 원점에 대하여 대칭이다.

따라서 함수 $y=h'(x)$의 그래프는 y축에 대하여 대칭이고

함수 $y=xh'(x)$의 그래프는 원점에 대하여 대칭이므로

$$\int_{-3}^3 (x+5)h'(x)dx$$
$$=\int_{-3}^3 xh'(x)dx+5\int_{-3}^3 h'(x)dx$$
$$=0+5\times 2\int_0^3 h'(x)dx=10$$

$$\therefore \int_0^3 h'(x)dx=1$$

즉, $\Big[h(x)\Big]_0^3=h(3)-h(0)=1$

이때, $h(0)=f(0)g(0)=0$ $(\because ㉠)$이므로

$h(3)=1$

·보충 설명·

다음 그림과 같이 우함수와 기함수의 그래프에 접선을 그어 보면 우함수의 경우 $f'(-a)=-f'(a)$이고 기함수의 경우 $f'(-a)=f'(a)$이다. 즉, 우함수의 도함수는 기함수이고, 기함수의 도함수는 우함수이다.

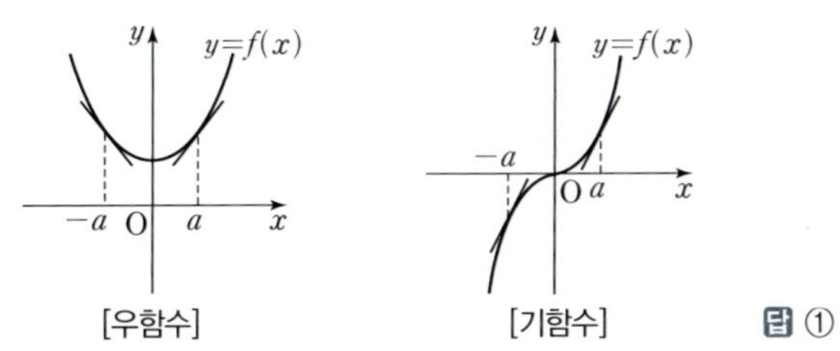

📖 ①

03 | 정적분의 활용

내신&수능 빈출 유형　　　　　본문 53~54쪽

유형 01

$x^2(2-x)=0$에서
$x=0$ 또는 $x=2$
따라서 닫힌구간 $[0,\ 2]$에서
$x^2(2-x)\geq0$이므로

$$S=\int_0^2 x^2(2-x)dx$$
$$=\int_0^2 (2x^2-x^3)dx$$
$$=\left[\frac{2}{3}x^3-\frac{1}{4}x^4\right]_0^2$$
$$=\frac{16}{3}-4=\frac{4}{3}$$
$$\therefore 3S-3\times\frac{4}{3}=4$$

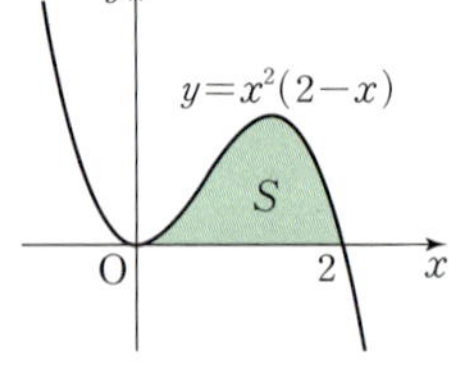

답 4

01-1

$y=\sqrt{x+4}$에서 $x=y^2-4$이고,
$x=0$일 때 $y=2$이다.
따라서 $0\leq y\leq2$에서 $x\leq0$이므로

$$S=\int_0^2 (-y^2+4)dy$$
$$=\left[-\frac{1}{3}y^3+4y\right]_0^2$$
$$=-\frac{8}{3}+8=\frac{16}{3}$$

따라서 $p=3$, $q=16$이므로
$p+q=3+16=19$

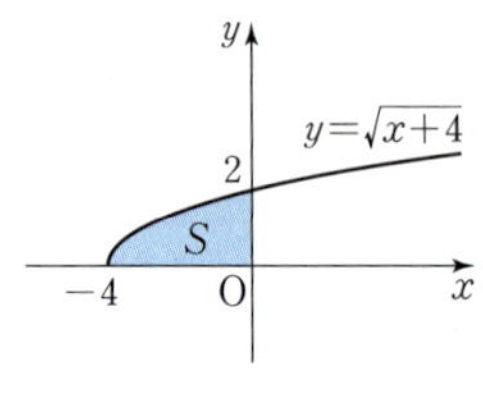

답 19

유형 02

$y=x^2+1$에서 $y'=2x$이므로 곡선 위의 점 $(1,\ 2)$에서의 접선의
방정식은
$y-2=2(x-1)$　　$\therefore y=2x$
따라서 닫힌구간 $[0,\ 1]$에서 $x^2+1\geq2x$이므로

$$S=\int_0^1 (x^2+1-2x)dx$$
$$=\int_0^1 (x^2-2x+1)dx$$
$$=\left[\frac{1}{3}x^3-x^2+x\right]_0^1$$
$$=\frac{1}{3}-1+1=\frac{1}{3}$$
$$\therefore 12S=12\times\frac{1}{3}=4$$

답 4

02-1

함수 $f(x)=x^3+4$의 도함수 $f'(x)$가
$f'(x)=3x^2$이므로 두 곡선 $y=f(x)$,
$y=f'(x)$의 교점의 x좌표는
$x^3+4=3x^2$에서
$x^3-3x^2+4=0$, $(x+1)(x-2)^2=0$
$\therefore x=-1$ 또는 $x=2$
닫힌구간 $[-1,\ 2]$에서 $x^3+4\geq3x^2$이므로

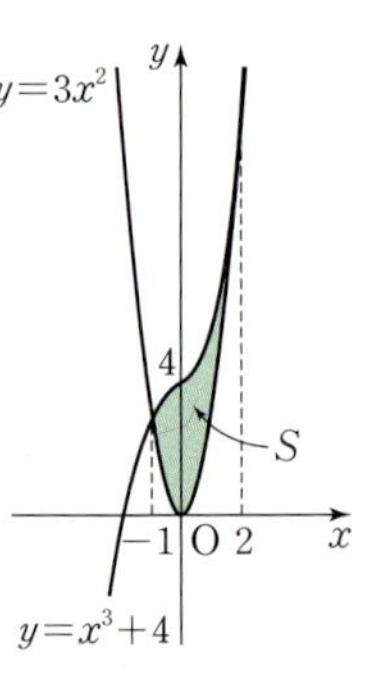

$$S=\int_{-1}^2 (x^3+4-3x^2)dx$$
$$=\int_{-1}^2 (x^3-3x^2+4)dx$$
$$=\left[\frac{1}{4}x^4-x^3+4x\right]_{-1}^2$$
$$=(4-8+8)-\left(\frac{1}{4}+1-4\right)$$
$$=\frac{27}{4}$$

따라서 $p=4$, $q=27$이므로
$p+q=4+27=31$

답 31

02-2

주어진 함수 $y=f(x)$와 그 역함수 $y=g(x)$의 그래프는 직선
$y=x$에 대하여 대칭이다.
두 곡선 $y=f(x)$와 $y=g(x)$의 교점의 x좌표는 곡선
$y=f(x)$와 직선 $y=x$의 교점의 x좌표와 같으므로
$x^3+3x^2+3x=x$에서
$x^3+3x^2+2x=0$, $x(x+2)(x+1)=0$
$\therefore x=-2$ 또는 $x=-1$ 또는 $x=0$
두 곡선 $y=f(x)$, $y=g(x)$로 둘러싸인 도형은 다음 그림에서 색
칠된 부분과 같다.

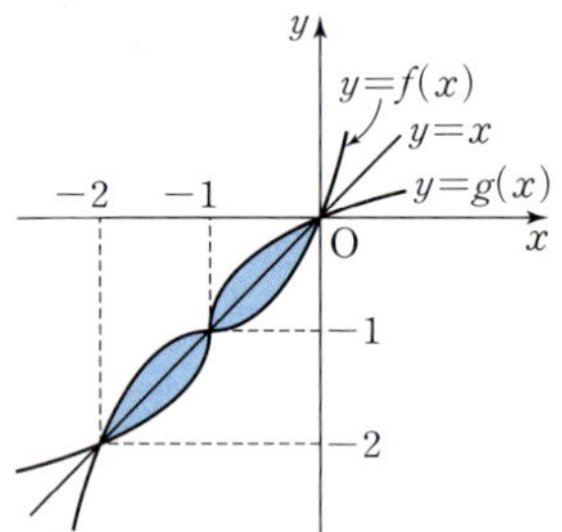

따라서 구하는 넓이는

$$4\int_{-1}^0 \{x-(x^3+3x^2+3x)\}dx=4\int_{-1}^0 (-x^3-3x^2-2x)dx$$
$$=4\left[-\frac{1}{4}x^4-x^3-x^2\right]_{-1}^0$$
$$=-4\left(-\frac{1}{4}+1-1\right)=1$$

답 1

유형 03

최고점에서의 속도는 $v(t)=0$이므로
$50-10t=0$에서 $t=5$
따라서 공이 최고점에 도달했을 때의 지면으로부터의 높이는

$$50+\int_0^5 (50-10t)dt = 50+\left[50t-5t^2\right]_0^5$$
$$=50+250-125$$
$$=175(\text{m}) \qquad \text{답 ④}$$

03-1

자동차가 멈추려면 $v(t)=0$이므로
$48-3t^2=0$에서 $t=4$ ($\because t>0$)
즉, 제동을 건 후 4초가 지나면 자동차는 멈춰 서게 된다.
따라서 이 자동차가 제동을 건 후 멈추기까지 움직인 거리는
$$\int_0^4 |48-3t^2|dt = \int_0^4 (48-3t^2)dt = \left[48t-t^3\right]_0^4$$
$$=192-64=128(\text{m}) \qquad \text{답 ③}$$

03-2

$0\le t\le 1$에서 $t(t-1)(t-2)\ge 0$이므로
시각 $t=0$에서 $t=1$까지 점 P가 움직인 거리 a는
$$a=\int_0^1 t(t-1)(t-2)dt = \int_0^1 (t^3-3t^2+2t)dt$$
$$=\left[\frac{1}{4}t^4-t^3+t^2\right]_0^1 = \frac{1}{4}$$

점 P가 시각 $t=1$에서 $t=2$까지 움직인 거리는 시각 $t=0$에서 $t=1$까지 움직인 거리와 같으므로 시각 $t=0$에서 $t=2$까지 점 P가 움직인 거리 b는
$$b=2a=2\times\frac{1}{4}=\frac{1}{2}$$
$$\therefore a+b=\frac{1}{4}+\frac{1}{2}=\frac{3}{4} \qquad \text{답 ③}$$

유형 04

$$v(t)=\begin{cases} t & (0\le t<2) \\ 4-t & (t\ge 2) \end{cases}$$
점 P가 원점을 출발한 후 6초 동안 움직인 거리는
$$\int_0^6 |v(t)|dt$$
$$=\int_0^2 |t|dt+\int_2^6 |4-t|dt$$
$$=\int_0^2 t\,dt+2\int_2^4 (4-t)dt$$
$$=\left[\frac{1}{2}t^2\right]_0^2 + 2\left[4t-\frac{1}{2}t^2\right]_2^4$$
$$=2+2\{(16-8)-(8-2)\}=6 \qquad \text{답 6}$$

04-1

$f(x)=\int_0^x v(t)dt$는 점 P가 원점을 출발한 후 시각 x에서의 위치이고, $f'(x)=\dfrac{d}{dx}\int_0^x v(t)dt=v(x)$이므로 $f'(x)$는 시각 x에서의 속도를 의미한다.

ㄱ. (참) $f(3)=\dfrac{1}{2}\times 2\times 2-\dfrac{1}{2}\times 1\times 2=1$
$$f(5)=\frac{1}{2}\times 2\times 2-\frac{1}{2}\times 2\times 2+\frac{1}{2}\times 1\times 2=1$$
$$\therefore f(3)=f(5)$$

ㄴ. (참) 주어진 그래프에서 $t=1$에서의 속도와 $t=5$에서의 속도는 같으므로
$$f'(1)=f'(5)$$

ㄷ. (거짓) $0<x<7$에서 $f(x)=0$, 즉 점 P의 위치가 원점이 되는 시각은 $t=4$뿐이므로 구하는 x의 값은 1개이다.

따라서 옳은 것은 ㄱ, ㄴ이다. $\qquad \text{답 ③}$

<table>
<tr><td colspan="6">빈출 유형 마무리   본문 55~56쪽</td></tr>
<tr><td>01 ②</td><td>02 6</td><td>03 3</td><td>04 14</td><td>05 ③</td><td>06 4</td></tr>
<tr><td>07 500</td><td>08 ②</td><td>09 1</td><td>10 22</td><td>11 ①</td><td>12 32</td></tr>
<tr><td>13 ④</td><td>14 45</td><td></td><td></td><td></td><td></td></tr>
</table>

01

$y=f(|x|)$에서
(ⅰ) $x\ge 0$일 때, $y=f(x)$
(ⅱ) $x<0$일 때, $y=f(-x)$이므로 $x>0$에서의 $y=f(x)$의 그래프를 y축에 대하여 대칭이동한 그래프이다.
(ⅰ), (ⅱ)에 의하여 $y=f(|x|)$의 그래프는 다음 그림과 같다.

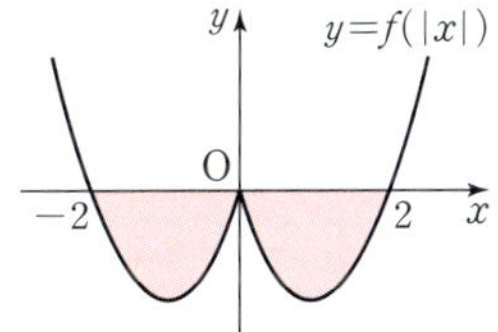

따라서 닫힌구간 $[0, 2]$에서 $y\le 0$이므로 구하는 넓이는
$$2\int_0^2 (-x^2+2x)dx = 2\left[-\frac{1}{3}x^3+x^2\right]_0^2 = 2\left(-\frac{8}{3}+4\right)=\frac{8}{3}$$
$$\text{답 ②}$$

02

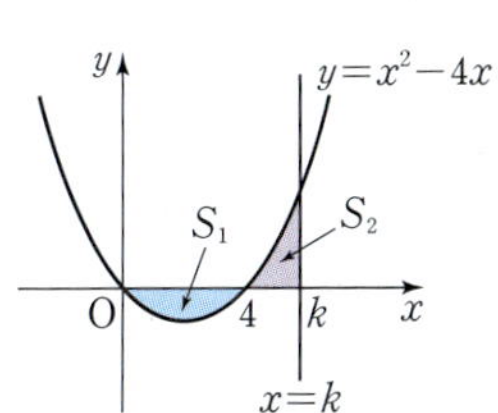

$S_1=S_2$이므로
$$\int_0^k (x^2-4x)dx=0$$
$$\int_0^k (x^2-4x)dx=\left[\frac{1}{3}x^3-2x^2\right]_0^k = \frac{1}{3}k^3-2k^2$$
$$=\frac{1}{3}k^2(k-6)=0$$

이때, $k>4$이므로 $k=6$ $\qquad \text{답 6}$

03

$y=\sqrt{x+1}$에서 $x=y^2-1$이고, $x=0$일 때 $y=1$이다.

$S_1=S_2$이므로

$$\int_0^k (y^2-1)dy=0$$

즉, $\int_0^k (y^2-1)dy=\left[\dfrac{1}{3}y^3-y\right]_0^k=\dfrac{1}{3}k^3-k=\dfrac{1}{3}k(k^2-3)=0$

$\therefore k=\sqrt{3}\ (\because k>1)$

$\therefore k^2=(\sqrt{3})^2=3$

답 3

04

$y=\sqrt{x-2}$에서 $x=y^2+2$이고 $x=3$일 때 $y=1$, $x=6$일 때 $y=2$이므로 구하는 넓이 S는

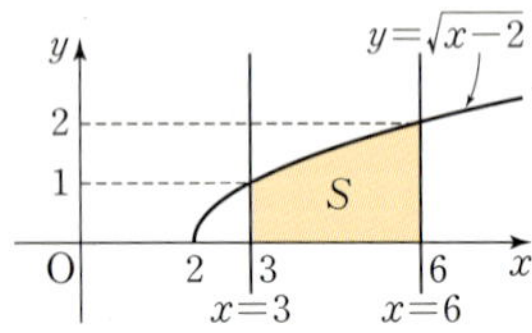

$S=6\times 2-\left\{3\times 1+\int_1^2 (y^2+2)dy\right\}$

$\quad =12-3-\left[\dfrac{1}{3}y^3+2y\right]_1^2$

$\quad =9-\left(\dfrac{8}{3}+4\right)+\left(\dfrac{1}{3}+2\right)=\dfrac{14}{3}$

$\therefore 3S=3\times\dfrac{14}{3}=14$

답 14

05

주어진 함수 $y=f(x)$와 그 역함수 $y=g(x)$의 그래프는 직선 $y=x$에 대하여 대칭이고, $f(x)=x^3+x$에서 $x=1$일 때 $y=2$, $x=2$일 때 $y=10$이므로 $g(2)=1$, $g(10)=2$이다.

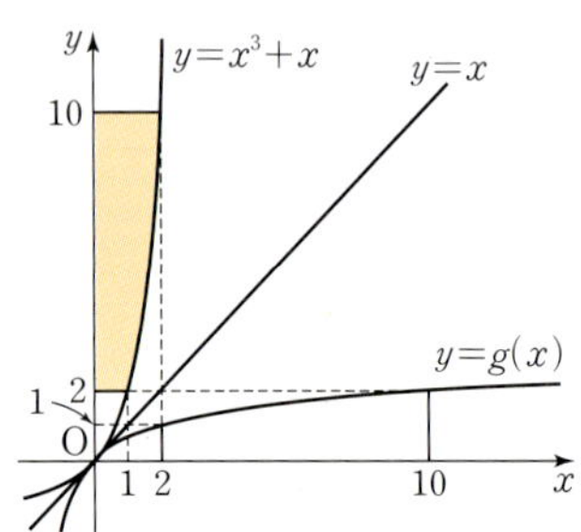

즉, $\int_2^{10} g(x)dx$의 값은 위의 그림에서 색칠된 도형의 넓이와 같으므로

$\int_2^{10} g(x)dx=2\times 10-\left\{1\times 2+\int_1^2 (x^3+x)dx\right\}$

$\quad =20-2-\left[\dfrac{1}{4}x^4+\dfrac{1}{2}x^2\right]_1^2$

$\quad =18-(4+2)+\left(\dfrac{1}{4}+\dfrac{1}{2}\right)$

$\quad =\dfrac{51}{4}$

$\therefore 40\int_2^{10} g(x)dx=40\times\dfrac{51}{4}=510$

답 ③

06

$A=B$이므로

$$\int_0^1 (x-x^2-mx)dx=0$$

$\int_0^1 (x-x^2-mx)dx=\left[\dfrac{1}{2}x^2-\dfrac{1}{3}x^3-\dfrac{1}{2}mx^2\right]_0^1$

$\qquad\qquad\qquad\qquad =\dfrac{1}{6}-\dfrac{1}{2}m=0$

$\therefore m=\dfrac{1}{3}$

$\therefore 12m=12\times\dfrac{1}{3}=4$

답 4

07

$\int_4^x f(t)dt=x^3-ax^2$의 양변을 x에 대하여 미분하면

$f(x)=3x^2-2ax$

$\therefore f'(x)=6x-2a$

$\int_4^x f(t)dt=x^3-ax^2$의 양변에 $x=4$를 대입하면

$0=64-16a$ $\quad\therefore a=4$

즉, $f(x)=3x^2-8x$, $f'(x)=6x-8$이므로 두 함수 $y=f(x)$, $y=f'(x)$의 그래프의 교점의 x좌표는 $3x^2-8x=6x-8$에서 $3x^2-14x+8=0$, $(3x-2)(x-4)=0$

$\therefore x=\dfrac{2}{3}$ 또는 $x=4$

닫힌구간 $\left[\dfrac{2}{3},\ 4\right]$에서 $6x-8\geq 3x^2-8x$이므로

$S=\int_{\frac{2}{3}}^4 \{(6x-8)-(3x^2-8x)\}dx$

$\quad =\int_{\frac{2}{3}}^4 (-3x^2+14x-8)dx$

$\quad =\left[-x^3+7x^2-8x\right]_{\frac{2}{3}}^4$

$\quad =(-64+112-32)-\left(-\dfrac{8}{27}+\dfrac{28}{9}-\dfrac{16}{3}\right)$

$\quad =\dfrac{500}{27}$

$\therefore 27S=500$

답 500

08

$f(x)=x^3+ax+b$, $g(x)=ax^2+bx+1$이라 하면

$f'(x)=3x^2+a$, $g'(x)=2ax+b$

두 곡선 $y=f(x)$, $y=g(x)$가 점 $P(-1,\ k)$에서 같은 직선에 접하므로

$f(-1)=g(-1)=k$, $f'(-1)=g'(-1)$

(i) $f(-1)=g(-1)=k$에서

$\quad -1-a+b=a-b+1$

$\quad\therefore a-b=-1$ $\qquad\qquad\cdots\cdots$ ㉠

(ii) $f'(-1)=g'(-1)$에서

$\quad 3+a=-2a+b$

$\quad\therefore 3a-b=-3$ $\qquad\qquad\cdots\cdots$ ㉡

㉠, ㉡을 연립하여 풀면 $a=-1$, $b=0$
$f(x)=x^3-x$, $g(x)=-x^2+1$이므로
두 곡선의 교점의 x좌표는
$x^3-x=-x^2+1$에서
$x^3+x^2-x-1=0$
$(x+1)^2(x-1)=0$
$\therefore x=-1$ 또는 $x=1$
따라서 구하는 넓이는

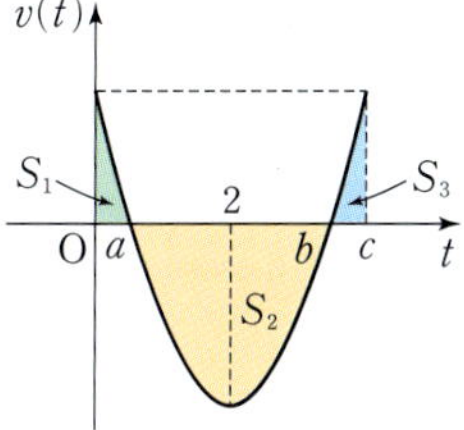

$$\int_{-1}^{1}\{(-x^2+1)-(x^3-x)\}dx=\int_{-1}^{1}(-x^3-x^2+x+1)dx$$
$$=2\int_{0}^{1}(-x^2+1)dx$$
$$=2\left[-\frac{1}{3}x^3+x\right]_{0}^{1}$$
$$=2\left(-\frac{1}{3}+1\right)=\frac{4}{3}$$

답 ②

09

S_1+S_2의 값은 곡선 $y=-x^2+4$와 x축으로 둘러싸인 도형의 넓이이므로

$$\int_{-2}^{2}(-x^2+4)dx=2\int_{0}^{2}(-x^2+4)dx$$
$$=2\left[-\frac{1}{3}x^3+4x\right]_{0}^{2}$$
$$=\frac{32}{3}$$

이때, $S_1:S_2=1:3$이므로 $S_1=\frac{32}{3}\times\frac{1}{4}=\frac{8}{3}$
두 곡선 $y=x^2+2a$, $y=-x^2+4$의 교점의 x좌표는
$x^2+2a=-x^2+4$에서
$2x^2=4-2a$ $\quad\therefore x=\pm\sqrt{2-a}$

$$S_1=\int_{-\sqrt{2-a}}^{\sqrt{2-a}}\{(-x^2+4)-(x^2+2a)\}dx$$
$$=\int_{-\sqrt{2-a}}^{\sqrt{2-a}}(-2x^2+4-2a)dx$$
$$=2\int_{0}^{\sqrt{2-a}}(-2x^2+4-2a)dx$$
$$=2\left[-\frac{2}{3}x^3+(4-2a)x\right]_{0}^{\sqrt{2-a}}$$
$$=2\left\{-\frac{2}{3}(2-a)\sqrt{2-a}+(4-2a)\sqrt{2-a}\right\}$$
$$=\frac{8}{3}(\sqrt{2-a})^3=\frac{8}{3}$$

$(\sqrt{2-a})^3=1$ $\quad\therefore a=1$

답 1

10

고속 열차가 출발하여 $2\,\mathrm{km}$를 달리는 동안 걸리는 시간을 x분이라 하면

$$2=\int_{0}^{x}(3t^2+2t)dt=\left[t^3+t^2\right]_{0}^{x}=x^3+x^2$$

즉, $x^3+x^2-2=0$에서
$(x-1)(x^2+2x+2)=0$ $\quad\therefore x=1$
그러므로 출발하여 $2\,\mathrm{km}$를 가는 데 걸리는 시간은 1분이고 그 이

후로의 속도는 $v(1)=5\,\mathrm{km/min}$으로 일정하다.
따라서 이 열차가 출발한 후 5분 동안 움직인 거리는
$2+4\times5=22(\mathrm{km})$ $\quad\therefore a=22$

답 22

11

원점을 출발한 점 P가 $t=c$에서 다시 원점을 지나려면 $t=0$에서 $t=c$까지의 위치의 변화량이 0이어야 하므로 오른쪽 그림에서 $S_1+S_3=S_2$이다.

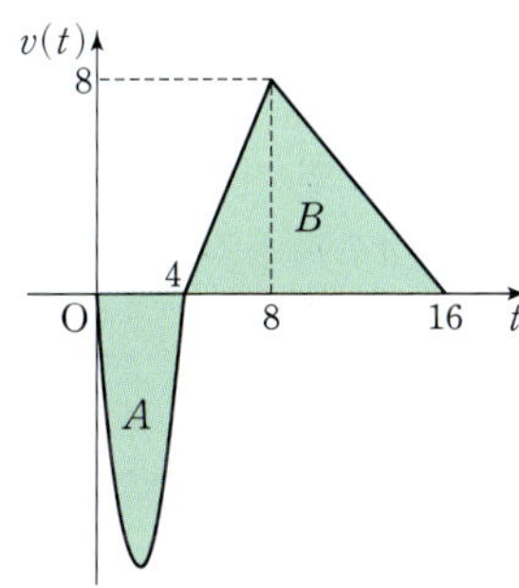

이때,
$$v(t)=t^2-4t+k=(t-2)^2+k-4$$
의 그래프는 직선 $t=2$에 대하여 대칭
이므로 $S_1=\frac{1}{2}S_2$이다. 즉, $\int_{0}^{2}v(t)dt=0$이므로

$$\int_{0}^{2}(t^2-4t+k)dt=\left[\frac{1}{3}t^3-2t^2+kt\right]_{0}^{2}=\frac{8}{3}-8+2k=0$$

$\therefore k=\frac{8}{3}$

답 ①

12

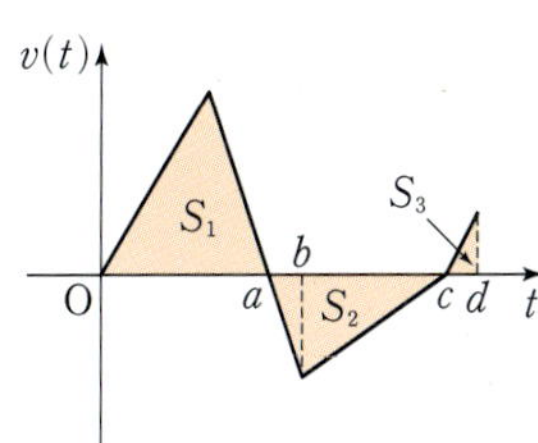

위의 그림에서 점 P는 원점을 출발한 후 $t=4$까지 $-$방향으로 움직이다가 $t=4$에서 $t=16$까지 $+$방향으로 움직인다.
이때, $t=0$에서 $t=4$까지 점 P가 움직인 거리는

$$A=\int_{0}^{4}3(-t^2+4t)dt$$
$$=\left[-t^3+6t^2\right]_{0}^{4}$$
$$=-64+96=32$$

$t=4$에서 $t=16$까지 점 P가 움직인 거리는

$$B=\frac{1}{2}\times12\times8=48$$

즉, 선분 OP의 길이의 최댓값은 32이다.

답 32

13

원점을 출발한 점의 속도

닫힌구간 $[a,c]$에서 $v(t)<0$이므로 $\int_{a}^{c}v(t)dt$의 값은 음수이다.

$$\int_{0}^{c}v(t)dt=\int_{c}^{d}v(t)dt$$에서

$S_1-S_2=S_3$, $S_1=S_2+S_3$

ㄱ. (거짓) $t=d$일 때, 점 P의 위치는

$S_1-S_2+S_3=2S_3\neq0$이므로 원점이 아니다.

ㄴ. (참) $\displaystyle\int_0^a|v(t)|dt=S_1$, $\displaystyle\int_a^d|v(t)|dt=S_2+S_3$이므로

$$\int_0^a|v(t)|dt=\int_a^d|v(t)|dt$$

ㄷ. (참) $\displaystyle S=\int_a^b v(t)dt$라 하면

$$\int_0^b v(t)dt=S_1-S,$$

$$\int_b^d|v(t)|dt=S_2+S_3-S=S_1-S$$이므로

$$\int_0^b v(t)dt=\int_b^d|v(t)|dt$$

따라서 옳은 것은 ㄴ, ㄷ이다.　　　　　　　답 ④

14

$v(t)=3t^2-6t=0$에서 $t=2$

시각 $t=0$에서 $t=2$까지 움직인 거리는

$$\int_0^2|3t^2-6t|dt=\int_0^2(-3t^2+6t)dt=\Big[-t^3+3t^2\Big]_0^2=4$$

시각 $t=0$에서 $t=a$까지 움직인 거리가 58이므로 $a>2$이다.

따라서 시각 $t=0$에서 $t=a$까지 움직인 거리는

$$\int_0^a|3t^2-6t|dt=4+\int_2^a(3t^2-6t)dt$$

$$=4+\Big[t^3-3t^2\Big]_2^a$$

$$=a^3-3a^2+8$$

$a^3-3a^2+8=58$에서

$(a-5)(a^2+2a+10)=0$

따라서 $a=5$이므로

$v(a)=v(5)=3\times5^2-6\times5=45$　　　　　　답 45

Memo

Memo

Memo

Memo

Memo

PROJECT
531
수학을 빠르게